Vida, Virtudes e Mistérios

Um Livro para o Jovem DeMolay e
Buscadores Espirituais de Todas as Idades

Alexandre Garzeri

Vida, Virtudes e Mistérios

Um Livro para o Jovem DeMolay e
Buscadores Espirituais de Todas as Idades

MADRAS

© 2016, Madras Editora Ltda.

Editor:
Wagner Veneziani Costa

Produção e Capa:
Equipe Técnica Madras

Revisão:
Silvia Massimini Felix
Ana Paula Luccisano
Jerônimo Feitosa

Dados Internacionais de Catalogação na Publicação (CIP)
(Câmara Brasileira do Livro, SP, Brasil)

Garzeri, Alexandre
Vida, virtudes e mistérios : um livro para jovem DeMolay e buscadores espirituais de todas as idades / Alexandre Garzeri. -- São Paulo : Madras, 2016.
Bibliografia.
ISBN 978-85-370-1008-2

1. Espiritualidade 2. Maçonaria 3. Maçonaria - História 4. Maçonaria - Rituais I. Título.
16-04766 CDD-366.1

        Índices para catálogo sistemático:
        1. Maçonaria : Sociedades secretas 366.1

É proibida a reprodução total ou parcial desta obra, de qualquer forma ou por qualquer meio eletrônico, mecânico, inclusive por meio de processos xerográficos, incluindo ainda o uso da internet, sem a permissão expressa da Madras Editora, na pessoa de seu editor (Lei nº 9.610, de 19/2/1998).

Todos os direitos desta edição reservados pela

MADRAS EDITORA LTDA.
Rua Paulo Gonçalves, 88 – Santana
CEP: 02403-020 – São Paulo/SP
Caixa Postal: 12183 – CEP: 02013-970
Tel.: (11) 2281-5555 – Fax: (11) 2959-3090
www.madras.com.br

Índice

Agradecimentos 7
Prefácio 9
Primeiras Palavras e Porquês a Respeito
da Presente Obra 11
Introdução 15
Capítulo 1 – Jovem – O que Buscas? 21
Capítulo 2 – E Foi Assim que Tudo Começou. 55
Capítulo 3 – Templários – Fragmentos de uma
História Desconhecida 65
Capítulo 4 – História Oculta dos Cavaleiros Templários 75
Capítulo 5 – 2014 – Templários – O Ano do Renascimento
da Fênix Templária 89
AVISO IMPORTANTE 101
Capítulo 6 – O Amor Filial 103
Capítulo 7 – A Reverência Pelas Coisas Sagradas. 121
Capítulo 8 – A Cortesia 149
Capítulo 9 – O Companheirismo 165
Capítulo 10 – A Fidelidade 181
Capitulo 11 – A Pureza. 197
Capítulo 12 – O Patriotismo. 213
Capítulo 13 – E Assim Chegamos ao Final 221

Agradecimentos

Ao Deus de meu coração e de minha compreensão, pelas inúmeras bênçãos que tenho recebido ao longo da vida.

Aos meus Pais, Oswaldo W. Garzeri e Odete C. Garzeri, muito obrigado por tudo. Sempre!

Ao eterno e primeiro Grão-Mestre do primeiro ciclo de atividades, da Ordem dos Pobres Cavaleiros de Cristo e do Templo de Salomão, Hugues de Payens ou *Pains*, por ter atendido ao chamado do Espírito Cavaleiresco Universal e ter dado condições para que a "*Pauperes Commilitiones Christi Templique Salomonis*" se alicerçasse em nosso mundo, desde as fundações do Templo de Salomão até a Jerusalém Celeste.

Ao eterno e último Grão-Mestre, do primeiro ciclo de atividades da Ordem dos Pobres Cavaleiros de Cristo e do Templo de Salomão, Jacques De Molay, por seu exemplo, bravura, coragem e triunfo sobre as chamas da Inquisição e da ignorância.

Ao saudoso Irmão Frank Shermann Land e seus *nove Jovens Templários*, de 1919, por terem legado à humanidade a eterna possibilidade de um mundo melhor, por meio dos valorosos exemplos da prática de uma Juventude Sadia, oriundos de nossos Sobrinhos da Ordem De Molay.

Aos meus Irmãos da Tradição Esotérica ocidental, especialmente os Maçons, Rosacruzes, Templários e Filósofos Incógnitos, por me guiarem pela senda da Iniciação Tradicional, rumo à Gnose, e permitirem minhas constantes mortes, renascimentos e progressos, em meio a tão sublimes fraternidades.

A todos os meus Irmãos, Cunhadas e Sobrinhos(as) da Augusta e Respeitável Loja Simbólica "*28 de Julho*", Nº 133, do Oriente de São Caetano do Sul (GLESP), por constituírem uma Família Espiritual muito especial que levo sempre em meu coração, onde quer que eu vá.

A todos os Sobrinhos do Capítulo "*Cavaleiros do Templo*", Nº 46/701, da Ordem De Molay subordinado ao Supremo Conselho da Ordem De Molay para a República Federativa do Brasil, com os quais tenho convivido, ininterruptamente, ao longo dos últimos 13 anos de minha existência, sendo esse Capítulo a joia mais rara da coroa, da minha juventude pessoal, que foi, e continua sendo, totalmente dedicada a ele.

Ao visionário e valoroso Irmão Alberto Mansur (1922-2012), introdutor e fundador da Ordem De Molay no Brasil, por investir em uma ideia, em um sonho, que se torna realidade cada vez que um jovem acende em si as Chamas das Sete Virtudes Cardeais, pelas quais é possível iluminar essa humanidade tão carente de Luz, nos dias atuais.

Ao meu querido Irmão Guilherme Augusto Aguiar, por todo o seu valoroso trabalho dedicado, primorosamente, à causa da Ordem De Molay. Pelos muitos anos de luta; pela simplicidade, humildade e elevado senso de justiça, que a todos cativa; pelos relevantes e inúmeros serviços prestados à juventude De Molay e por seu inspirador exemplo a centenas de Maçons, que passaram a olhar com extremado Amor nossa bem-amada Ordem, um sincero muito obrigado, do *Mago*...

Ao meu Querido Irmão Wagner Veneziani Costa, que me incentivou fortemente a escrever o presente livro, a fim de que a Madras pudesse ter um tomo dedicado à Causa da Ordem De Molay. Que outros autores se inspirem a partir do presente volume e que surjam muitas outras obras visando enaltecer e divulgar a beleza da Ordem De Molay para o mundo, a fim de que muito mais jovens possam ser tocados por seus ensinamentos, exemplos e Virtudes.

A todos os Sobrinhos da Ordem De Molay espalhados pelo mundo, pelos excelentes Filhos, Irmãos e amigos que vocês são e pelos magníficos exemplos de **amor filial, reverência pelas coisas sagradas, cortesia, companheirismo, fidelidade, pureza e patriotismo** que manifestam em todos os estratos da sociedade nos quais estão inseridos.

"A todos os que buscam, pois um dia acabarão encontrando..."

Prefácio

"*Nossos antepassados bem sabiam que a liberdade religiosa, representada pela Bíblia sagrada, a liberdade civil, representada pela bandeira de nossa Pátria, e a liberdade intelectual, representada pelos livros escolares, deveriam sempre andar juntas para que pudessem ser efetivas. Em torno desses baluartes, a Ordem De Molay coloca sete luzes, simbolizando as Sete Virtudes Cardeais de um De Molay...*"

A notícia de que meu padrinho Alexandre Garzeri viria a publicar uma obra especificamente para o público De Molay veio como uma agradável surpresa. Afinal, são mais de 15 anos dedicados à formação de jovens por meio da Ordem, uma tarefa que Alexandre sempre exerceu com responsabilidade e carinho.

O autor, que possui extensa experiência e vivência em diversas Ordens Iniciáticas, eleva aspectos do simbolismo De Molay a um patamar experimentado por poucos, aproximando-se da Tradição Templária que inspirou Frank Sherman Land e os primeiros Irmãos da Ordem.

Neste livro, Alexandre conduz o leitor em uma viagem pelas Sete Virtudes cardeais, com as quais todo De Molay é comprometido. Ele o faz utilizando toda a sabedoria adquirida em sua caminhada espiritual, mas sem perder o humor e a simplicidade. O resultado é um trabalho profundo mas desembaraçado, que cumpre seu objetivo de tocar a mente e o coração do leitor.

É importante ressaltar que a mera compreensão objetiva de algo essencialmente espiritual é insuficiente. Portanto, em alguns capítulos são propostos experimentos que proporcionam a efetiva harmonização com as Virtudes.

Por sua visão completa e diferenciada, este é um livro indispensável a todo De Molay interessado em expandir sua visão a respeito da Ordem e, acima de tudo, fazer com que as chamas das Sete Virtudes Cardeais brilhem cada vez mais fortes dentro de si.

Aos que vivem a Ordem De Molay como um caminho espiritual e de autoconhecimento, que este livro lhes seja um farol brilhante, assim como foi Alexandre para mim nove anos atrás.

Gustavo Amaral Skreinig
"... Assim como as luzes destes candelabros iluminam este Capítulo, possam elas brilhar diante dos homens, a fim de que vejam nossos bons trabalhos e glorifiquem o Pai que está no céu."

Primeiras Palavras e os Porquês a Respeito da Presente Obra

"Loucura? Sonho?
Tudo é loucura ou sonho no começo. Nada do que o homem fez no mundo teve início de outra maneira – mas tantos sonhos se realizaram que não temos o direito de duvidar de nenhum."

Monteiro Lobato

Ao longo de muitos anos de Bienal do Livro de São Paulo, juntamente com meu estimado Irmão Wagner Veneziani Costa, pudemos observar a constante procura de jovens Sobrinhos da Ordem De Molay por um livro que falasse a respeito da Ordem da qual todos esses jovens fazem parte, ao redor do mundo, sendo a De Molay uma das parcelas mais importantes e sagradas na vida de seus jovens membros, os quais abrangem uma faixa etária que vai dos 12 aos 21 anos de idade, período ativo de um membro da Ordem.

Então, ao final da Bienal do Livro de São Paulo, na primavera de 2012, estas mal traçadas linhas começaram a ser escritas, com as seguintes perguntas em minha mente: que tipo de livro os De Molays esperavam encontrar nas estantes das livrarias mundo afora? Quais informações poderiam ajudar os Sobrinhos em seus trabalhos Capitulares, normalmente desenvolvidos aos sábados à tarde? Que tipo de informações deveriam conter as páginas seguintes, de modo a entusiasmar ainda mais os "meninos", com relação à sua Ordem e como, ao mesmo tempo, conseguiria despertar o interesse de novos membros, que, empolgados com essa leitura, poderiam resolver abraçar a Causa da Ordem De Molay?

No início, mesmo sem dispor plenamente de todas as respostas às questões citadas no parágrafo anterior, não deixei de escrever um dia sequer até que este trabalho estivesse concluído e, como já era de se esperar, quando realmente queremos alguma coisa, o Universo começou a conspirar comigo enviando as respostas por meio de centenas de Sobrinhos, de diferentes Capítulos De Molays, com os quais comecei a conversar por todos os meios de comunicação possíveis e imagináveis que o leitor possa ter em mente agora.

Depois de alguns meses de muitos encontros, não apenas em Capítulos De Molays do Estado de São Paulo, mas também em locações profanas como lanchonetes, cinemas, parques, shoppings centers, baladas, churrascarias, festas organizadas pelos meninos, carrinhos de cachorro-quente, etc., encontrados nos mais variados cenários que abrangeram a metrópole, as praias e o interior do nosso Estado de São Paulo, pude reparar que o que os De Molays queriam não era um livro tão técnico a respeito da Ordem De Molay e toda estrutura que ela possui, pois, graças ao trabalho sério e dedicado desenvolvido pelos Dois Supremos Conselhos da Ordem De Molay existentes no Brasil, os meninos já tinham informações suficientes e de qualidade a esse respeito. O que os jovens esperavam era algo que falasse um pouco mais a respeito do espírito da Ordem De Molay, bem como um material que esclarecesse e explicasse melhor a relação com a antiga, porém sempre eterna e atual, Ordem dos Pobres Cavaleiros de Cristo e do Templo de Salomão. Queriam transcender – justamente por sentirem que existe algo muito valioso e sutil em suas cerimônias e que não pode ser detectado apenas por uma visão rasa e superficial de quem participa delas – aquilo que é visto em uma primeira olhada e interpretação simplesmente objetiva e técnica dos inúmeros símbolos, com os quais os jovens De Molays estão em contato todo o tempo.

Levando em consideração o que foi escrito até aqui, foram as diretrizes citadas que nortearam meu trabalho e, sinceramente, espero que os que já forem Iniciados na Ordem De Molay encontrem o que estão buscando nas próximas páginas, e que aqueles que ainda não tiveram essa oportunidade, conhecida pelo nome de Iniciação, a busquem avidamente após ler o presente livro escrito e dedicado a certo tipo de jovem cada vez mais raro hoje em dia: o jovem que ainda sonha e é ousado o suficiente para fazer seus sonhos tornarem-se realidade.

O Autor

Introdução

"**Eu os tenho visto crescer...**" – A.G.

Aos 23 anos de idade, quando de meu ingresso na Maçonaria, ainda não conhecia a Ordem De Molay, mas se a tivesse conhecido, com certeza teria feito de tudo para ingressar nela, uma vez que desde minha infância – e isso continuou na adolescência – os romances e filmes do gêneros aventura e capa e espada, como por exemplo *Excalibur*; *Os Três Mosqueteiros*; *Robin Hood*; *Ivanhoé*; *El Cid*; *Conan*; *Rei Arthur e Os Cavaleiros da Távola Redonda*; *O Homem da Máscara de Ferro*; *O Conde de Monte Cristo*; *A Ilha do Tesouro*; *O Corsário Negro*, *O Senhor dos Anéis*, entre outras dezenas de títulos, sempre chamaram e continuam chamando minha atenção, como no presente momento, em que tenho me dedicado muito à incrível saga de George R. R. Martin: *Game of Thrones*.

Somem as informações do parágrafo acima ao meu interesse, desde os 10 anos de idade, pelos temas de fórum espiritualista e esotérico, que me levaram a admirar também as obras de Alan Moore – como o personagem *John Constantine*, que posteriormente ganhou pela DC Comics sua própria revista *Hellblazer* –, e o trabalho de Neil Gaiman, cujo personagem *Sandman* nos propõe profundas questões filosóficas. Pode imaginar o leitor o tipo de adolescente que eu fui vivendo como um típico jovem dos anos 1980, embalado ao som de Raul Seixas, praticando Karatê, detestando Física, Matemática e todas as demais exatas, mas me deliciando com as obras de Eliphas Levi, Papus, Dion Fortune, Helena Petrovna Blavatsky, C. G. Jung, William Wynn Westcott, Arthur Edward Waite, Samuel Liddell MacGregor Mathers, entre outros colegas magistas do passado.

Meu primeiro contato com uma Ordem Iniciática se daria aos 15 anos de idade, quando fui conduzido à Gnose por meu *senpai* de Karatê, Raul Brabo, que posteriormente se tornaria também meu primeiro professor de gaita de fole. A Gnose me mostrou um Universo muito mais amplo que o da Parapsicologia, à qual eu me dedicava desde os 10 anos de idade, tendo feito várias feiras de ciência a respeito desse tema, nos colégios Liceu Monteiro Lobato e Singular, ambos localizados em Santo André, onde resido até o presente momento.

Quando cheguei aos 17 anos, já trabalhava desde os 15, no Espaço Cultural Mahatma, existente até hoje, também em Santo André, cuja dona é minha querida amiga, sra. Maria do Carmo, que apostou em um rapaz que estava começando a dar seus primeiros passos nos estudos referentes ao Tarô, à Numerologia Pitagórica Clássica, às Runas, à Astrologia e acabou me dando meu primeiro emprego nessa área Holística.

No Espaço Cultural Mahatma, palavra que quer dizer *"Grande Alma"*, tínhamos uma área dedicada aos estudos relativos à Teosofia e aos mestres da Grande Fraternidade Branca e, entre uma consulta e outra, uma aula e outra, reparei que sempre estavam lá duas senhoras simpáticas – em respeito à postura discreta de ambas com relação aos Mistérios, omitirei seus nomes – quase todas as tardes, por ocasião do pôr do sol. E em um desses ocasos, como sempre gostei de conhecer novas pessoas e fazer amigos, adentrei esse espaço Teosófico e me apresentei às senhoras, que me receberam com grandes sorrisos e admiradas por alguém tão jovem fazer parte do espaço e já estar estudando vários elementos relativos à Tradição Esotérica.

Mal sabia eu que a entrada naquele espaço sagrado dedicado aos Mestres Ascensionados, em meio a mais um rotineiro pôr do sol, representaria a Aurora da Luz Rosacruciana, que resplandece no Leste, em minha vida, pois justamente essas duas senhorinhas simpáticas pertenciam à Ordem Rosacruz AMORC; bastaram mais algumas poucas semanas e tardes com ambas, uma vez que eu corria para nossos chás filosóficos sempre que podia, para que eu fosse encaminhado à Rosacruz, na qual foram edificados os alicerces da minha formação espiritual mais profunda, como profunda é a paz que os Fratres e Sorores dessa irmandade nutrem entre si e visam estender a toda a humanidade, tão carente dessa simples palavra, "paz", nos tempos atuais.

Com 19 anos de idade, já estava trabalhando em São Paulo nos grandes espaços culturais, cujas portas me foram abertas por meu primeiro mestre em ocultismo e magia, Otávio Leal; e em sua Humaniversidade, onde estou até hoje, quantos foram os mestres que encontrei, como por exemplo Léo Artése, que me iniciou no Xamanismo; e Leo Reisler, a quem devo muito por me introduzir e orientar nos Mistérios da Kabballah Hermética. Que bom fazer parte dessa família que objetiva levar luz e consciência a todos os sinceros buscadores!

Aos 19 anos começaram a surgir em mim os primeiros interesses a respeito da Maçonaria, Ordem secreta para a qual meu pai já havia sido convidado a tomar parte várias vezes, mas por questões profissionais e de tempo não aceitara, até então, o convite. Talvez porque soubesse, em seu íntimo, que seu filho iria iniciá-lo na sublime Ordem maçônica, anos mais tarde.

Mas, antes que o esquadro e o compasso se fizessem presentes em minha vida, ainda aos 19 anos muitas coisas estavam acontecendo, como meu ingresso no Colégio dos Magos, notoriamente dedicado à Magia, haja vista o nome. Uma vez mais a Teosofia renascia em meu caminho, por meio de minha amiga Carmen Balhestero e de seu amado espaço, Pax Universal; as Conferências Internacionais de Metafísica, realizadas no Palácio das Convenções do Anhembi, das quais participei, de início, apertando parafusos, usando um serrote e carregando caixas para cima e para baixo, para depois de alguns anos me tornar palestrante, em tão respeitável evento, que reuniu ao longo de várias edições o que existia de mais sério em meio ao cenário espiritualista mundial da época, tendo podido compartilhar o palco com meu querido Irmão Cesar Romão e Paulo Coelho, que dispensam comentários, tamanhas suas capacidades e talentos, o primeiro como um dos mais brilhantes palestrantes que conheci ao longo de minha vida e o segundo, atualmente reconhecido como o mais notório autor brasileiro, tendo sua obra respeitada, reconhecida e premiada em vários países do mundo.

E então, finalmente, fui iniciado na Maçonaria e seus Mistérios majestosos, para todos aqueles que buscam uma real evolução de consciência, permanecendo esses segredos ocultos aos que confundem tão Tradicional Ordem com um clube social e mesmo que atinjam seus últimos graus acabam entendendo muito pouco, uma vez que não estamos apenas em busca de um entendimento cartesiano e racional com relação à verdade, mas almejamos a compreensão dela, sendo entendimento e compreensão duas palavras muito diferentes, em significado e propósito.

Na Maçonaria, como membro da Augusta e Respeitável Loja Simbólica "28 de Julho", N° 133, fui um Aprendiz bem instruído e cuidado por meu Padrinho, José Rufino Xavier, e por todos os demais Mestres Instalados, que sempre me orientaram com seriedade, desenvolveram em mim o senso questionador e me nutriram com o que havia de melhor, em tão sublime instituição e imaculada Loja Maçônica, à qual agora eu pertencia e avançava notoriamente, sob o olhar vigilante dos Mestres.

Poucos meses após minha passagem para o Grau de Companheiro, a Loja resolveu fazer uma Adoção de Lowtons e naquele domingo minha vida mudaria para sempre, por meio de um curioso encontro.

Entre os convidados que vieram para essa espécie de batismo maçônico, que nominamos Adoção de Lowtons, um rapaz captou toda a minha atenção quando adentrou ao Templo em meio aos demais convidados e subiu ao Oriente cingido por sua capa negra e um vistoso brasão bordado ao lado direito da mesma.

A forma de esse jovem se comportar, seu desembaraço com as palavras e uma educação esmerada, já rara entre os jovens daquela época, chamou muito minha atenção, mas ao contemplá-lo e ouvi--lo enquanto falava, me intrigava sua longa capa, uma vez que para mim, naquela época, dois tipos de pessoas usavam capas: heróis e cavaleiros medievais. Hoje compreendo que o De Molay é um herói, que luta contra tudo aquilo que avilta e depõe contra a juventude, fazendo das Sete Virtudes seus poderes especiais, com os quais ele procura iluminar a si mesmo e guiar resplandecentemente outros jovens no caminho do bem.

Quando do término da reunião, o jovem saiu correndo, pois tinha outros compromissos; eu saí correndo atrás, no meio da Av. Presidente Kennedy, em São Caetano do Sul, São Paulo, agradecendo por conseguir alcançá-lo antes que ele adentrasse o carro e partisse. Após me apresentar, creio que devo ter feito de três a cinco perguntas, em sequência, tamanha era minha curiosidade com relação ao visual do jovem, que já havia guardado sua capa no porta-malas do carro e, retirando-a de lá, começou a me explicar o que simbolizava cada parte de sua emblemática veste.

Quando ele começou a falar a respeito de Jacques De Molay e explicar-me que existia uma Ordem juvenil dedicada a esse mártir, bem como toda uma série de ensinamentos secretos, baseados, em essência, mesmo que não em sua forma atual, nas antigas virtudes cavaleirescas e na época de ouro da cavalaria, tive de conter meu entusiasmo, pois estava estarrecido com o fato de terem criado uma Ordem Secreta juvenil e ainda mais baseada nos Cavaleiros Templários, aos quais eu estava ligado, primeiro por interesses de pesquisa e estudo, quando adolescente, e depois porque naquela época aguardava ser chamado para integrar uma das mais notórias Ordens Templárias, de ressurgência francesa, o que me levou a entender que nosso encontro não fora por acaso e que, com certeza, deveria haver algo maior por trás daquela aproximação.

Bastou assistir apenas a uma reunião dos meus, agora, "Sobrinhos" De Molays para ter a certeza de que iria me envolver com essa Ordem durante toda a minha atual encarnação, e essa certeza só fez aumentar nos últimos 20 anos de minha vida, dos quais tenho dedicado todos os sábados a essa nobre causa.

Nesse período, vi surgir e ajudei a edificar, desde suas origens, o Grande Conselho Estadual da Ordem De Molay do Estado de São Paulo, subordinado ao SCODRFB, e em meio ao mesmo, auxiliado por aproximadamente 25 jovens, fundamos em 2002 o Capítulo "Cavaleiros do Templo", Nº 46/701, cujo Sagrado Nome reflete o tipo de trilha que seguimos até os dias atuais, sendo conhecidos em vários Estados de nosso país por nossa seriedade no tocante à ritualística; nosso aprofundado nível de estudos dos rituais, simbologia e tudo o que possa nos conduzir ao autoconhecimento, sem o qual é impossível ser feliz e tornar feliz a humanidade; nossos esforços por continuar perpetuando a antiga filosofia de vida dos Cavaleiros Templários, sobre os quais é obrigatório a um membro de nosso Capítulo saber tudo a respeito da história dos Pobres Cavaleiros de Cristo e do Templo de Salomão, sendo que essa história ainda continua sendo escrita atualmente e conta com a humilde colaboração de nossos De Molays, que, patrocinados por uma Loja Maçônica séria e também dedicada aos estudos, realmente procuram seguir os passos de Jacques De Molay que, não tenho a menor dúvida, se orgulharia muito desses seus Neocavaleiros Templários.

Estando nosso Capítulo consolidado, ainda viríamos fundar o Priorado "Cavaleiros de Sangreal", que integra a Ordem da Cavalaria, denominada *Ordem Sagrada dos Soldados Companheiros de Jacques DeMolay*, sendo esta uma espécie de Graus Filosóficos, dentro da Ordem De Molay, em que procuramos aprofundar, ainda mais, certos aspectos dos Mistérios relacionados à História dos Templários, e em nosso Priorado é condição *sine qua non*, para todos os membros que o integram, o entendimento dos misteriosos embriões originários da Ordem do Templo, bem como um entendimento de como e por que a Ordem continuou a existir, após o martírio de Jacques De Molay nas chamas da Inquisição.

Concluindo esta introdução, que objetivou mostrar como cheguei até a Ordem De Molay e na mesma permaneço até hoje, desde a primeira vez que vi um jovem De Molay na minha frente o tomei por uma Cavaleiro Templário. E analisando esse últimos 20 anos, quantas foram as Cruzadas; quantos foram os desafios vencidos; quantas foram as noites sem dormir, em reuniões que findavam com o nascer do sol, que muitas vezes também nos pegou cruzando as estradas do Estado de São Paulo.

Posso dizer que compartilhei e continuo compartilhando cada sorriso e cada lágrima desses jovens, Sobrinhos/Filhos, da Ordem De Molay, com os quais até agora pude entrar em contato e olhando para a dimensão de nosso país e do mundo, uma vez que nossa amada Ordem se faz presente em vários países, quantos desses valorosos jovens eu ainda não conheço? De quantos terei a honra de me tornar um fiel Companheiro e comungar de seu companheirismo em nosso futuro? O tempo trará auspiciosas respostas a essas questões.

Agora, nesse exato momento, em que o ocaso solar se abate sobre este teclado, finalizo a presente introdução reafirmando minha crença na continuidade da Ordem do Templo e tenho certeza de que a Fênix Templária não poderia ter escolhido melhor morada para Renascer que não fossem as Sete Chamas sagradas, que preenchem de Virtudes o coração de um jovem, da Ordem De Molay, que as acolhe como um Santo Graal, onde para sempre repousa a imortalidade da juventude, em verdade, um estado de espírito que nada tem a ver com a idade.

Alexandre Garzeri – Equinócio de Outono, 2015, E∴ V∴

# Capítulo 1

Jovem! O que Buscas?

De acordo com os ensinamentos da Ordem De Molay, o desejo de pertencer a uma Ordem Secreta, simplesmente por pertencer a esse tipo de organização, não é considerado um motivo suficientemente forte para que alguém possa pedir admissão a ela, muito menos ser aceito. E o que vale para a Ordem De Molay, quando levamos a busca espiritual a sério, vale também para qualquer Ordem Secreta séria e tradicional que exista sobre a face da Terra.

Os Mistérios, esses sim, devem nortear nossa busca.

Dificilmente alguém adentra a uma Ordem Secreta, em um primeiro momento, porque queira se tornar um *expert* em matéria de competência administrativa; menos ainda, porque queira gerir e participar de festas, almoços e jantares fenomenais; muito menos porque queira se tornar o Mister Simpatia, em matéria de convívio e *status* social, sendo dispensável comentar aqui os que querem se utilizar das Ordens para fins políticos e eleitoreiros, em qualquer sentido, sendo este último objetivo o mais sem noção de todos, quando estamos dando os primeiros passos nesse mundo iniciático.

Evidentemente que a boa administração, que permite que as coisas andem nos eixos, no sentido mais técnico e horizontal de uma Ordem, deve ser valorizada e elogiados todos os que se predispõem a fazer esse tipo de trabalho árduo e nada fácil, devendo se enaltecer também as festas, voltadas principalmente para fins caritativos e auxílios aos menos favorecidos, onde vemos o real espírito dos antigos cavaleiros Hospitalários, que cuidavam dos doentes, fracos e deserdados pela fortuna, provendo-lhes um auxílio não apenas material, mas também de conforto, amparo e sustentação terapêutica, moral, emocional e espiritual, sendo naturalmente elevado o *status* social de todos os que assim procedem e com o próximo se preocupam, pois quem assim age não é exaltado socialmente apenas por sua popularidade ou carisma mas, acima de tudo, porque é capaz de transformar vidas.

Ninguém condena, muito pelo contrário exalta, as atividades citadas no parágrafo anterior, com as quais naturalmente os novos membros da Ordem se envolverão no devido momento e com o passar do tempo, mas o que estamos querendo falar agora é sobre os Mistérios, como a grande força estimuladora rumo aos Portais da Iniciação.

As Antigas Escolas de Mistérios

Todas as grandes civilizações e povos do passado sempre tiveram em sua estrutura social as chamadas Escolas de Mistérios.

Egípcios, gregos, romanos, judeus, árabes, hindus e celtas, entre muitos outros povos e culturas que poderiam ser citados, celebravam os Antigos Mistérios, sendo que muitos deles estavam ligados aos ciclos das estações e aos mais diversos tipos de manifestações naturais, uma vez que a Natureza constituía a base dos grandes enigmas que inspiravam, mas também amedrontavam o homem primitivo.

Nos tempos passados, acreditava-se que por trás de cada trovão, relâmpago, tremor de terra, erupção vulcânica, vendaval, maremoto, pôr do sol, fases da lua e todo e qualquer tipo de fenômeno natural se ocultava alguma entidade, ser ou divindade responsável por essas manifestações, e o homem que conseguisse se aproximar e entender a natureza desses fenômenos e dos seres por trás dos mesmos teria em suas mãos um incrível poder. E foi justamente assim que começou o que chamamos de Magia, no sentido primitivo dessa palavra.

Os rituais e cerimônias primitivas nada mais eram do que formas que os seres humanos de outrora criaram para demonstrar seu respeito pelas forças da Natureza e dos seres que, segundo as crenças da época, se ocultavam por trás das mesmas, devendo ser honrados, exaltados e respeitados a fim de que, por meio desses procedimentos, se pudesse obter uma vida mais equilibrada, farta e feliz em todos os sentidos, uma vez que a felicidade, que segundo o Dalai Lama é o objetivo da raça humana, sempre o foi desde os tempos primordiais, sendo que em nossa atual busca por satisfação e realização pessoal, em verdade, diferimos muito pouco dos homens primitivos.

Com o passar dos tempos, essas tentativas de harmonização com a natureza evoluíram para o que chamamos de Escolas de Mistérios, e posteriormente elas acabaram originando o que entendemos hoje por ciência e religião, sendo que dentro do contexto religioso os chamados Mistérios Maiores, de natureza esotérica, são de domínio exclusivo da cúpula religiosa dominante, e os Mistérios Menores, de natureza exotérica, são a base de tudo aquilo que constitui a fé, dos chamados fiéis e devotos.

Nesse ponto, temos que fazer uma pausa para explicar certos termos que facilitarão o entendimento dos jovens, de todas as idades, que estão lendo o presente livro. Assim sendo, vamos lá:

1 – *Quando falamos em* **Escolas de Mistérios**, *precisamos entender o que significa o termo "Mistérios" dentro da ótica dos Iniciados, que conhecem e lidam com os mesmos.*

Mistério, muito distante da visão que os profanos, ou seja, os não iniciados possuem, não é uma palavra associada a algo estranho, misterioso ou fantástico. Mistério, de acordo com o entendimento que os antigos iniciados possuíam, tendo esse entendimento se prolongado até os dias atuais, é simplesmente sinônimo de uma sabedoria oculta, uma Gnose Iniciática ou um conhecimento elevado, o qual não se adquire a não ser pelo mérito próprio e pela aplicação firme, disciplinada e dedicada, que leva o iniciado à desenvoltura de certos dons e habilidades perfeitamente naturais, que em nada têm a ver com os termos paranormal e sobrenatural, sendo esses chamados dons e potenciais inerentes a todo ser humano, algo natural a todos aqueles que se predispõem a despertá-los por metodologias bem específicas e técnicas guardadas nas Escolas de Mistérios, desde que estas passaram a ser constituídas.

2 – **Esoterismo**: *o termo esoterismo, do qual advêm as palavras esotérico/esotérica, explicando da maneira mais simples possível, para que todos entendam, é um tipo de conhecimento fechado e disponível somente quando a condição da Iniciação é cumprida.*

Ex.: *Tudo aquilo que se comunica dentro das chamadas Ordens Secretas é de natureza esotérica, o que inclui toda uma simbologia; histórias sobre personagens, lendários ou não, por trás das quais se ocultam diversos ensinamentos morais e espirituais; certas posturas corporais, apertos de mão, palavras sagradas, de passe, ou senhas, pelas quais os iniciados se reconhecem e assim por diante, tudo isso faz parte do chamado esoterismo. Esse tipo de conhecimento não está presente apenas nas Sociedades Secretas. Qualquer tipo de conhecimento que pertença a um grupo restrito, seja uma elite de iniciados, ou à cúpula dominante de uma religião, que mantém certos conhecimentos ocultos a respeito da doutrina apenas para si, é considerado de natureza esotérica.*

3 – **Exoterismo**: *entendemos por exoterismo todo e qualquer conhecimento que possa vir a público e cujo acesso, entendimento e prática estejam desvinculados de algum tipo de Iniciação, como uma condição a ser preenchida previamente, para se ter acesso ao mesmo. Informações exotéricas também dispensam juramentos, o contrair de qualquer tipo de vínculo ou obrigação para com a Ordem ou pessoa, normalmente um Iniciador, que lega a informação.*

Ex.: *Os ensinamentos e parábolas do Mestre Jesus, que ele proferiu em público, seriam uma espécie de ensinamento exotérico, pois foram ditos a todas as pessoas, independentemente de classe social, nível cultural, crenças religiosas e demais elementos que diferenciam as pessoas em meio a uma sociedade estabelecida, ainda que essencialmente sejamos todos iguais.*

Mas, hoje em dia, já é mais do que sabido que houve informações que Cristo passou unicamente aos seus discípulos, sendo que os mesmos também receberam quantidades diferenciadas de informação, algumas de fórum mais profundo, outras de caráter menos hermético e iniciático.

Parábolas podem ser entendidas, em um primeiro momento, de uma forma muito simples e aplicadas às noções de moral cotidiana. É sabido que Jesus se expressava por parábolas, uma vez que entre os Essênios – comunidade extremamente hermética, fechada e de caráter esotérico, da qual o Cristo fez parte – essa era uma forma de comunicação aprendida por todos que integravam a Fraternidade Essênia.

Os Essênios sabiam que, dependendo dos ouvidos que escutassem as parábolas, elas teriam um entendimento extremamente simples, que não chegaria nem perto dos profundos Mistérios, que se ocultavam por trás de toda uma simbologia contida nas mesmas e que apenas iniciados e adeptos de alto nível podiam compreender. Isso explica por que as parábolas se aplicavam tanto aos não iniciados como àqueles que haviam recebido a Iniciação.

4 – **Iniciação:** *é o nome dado à cerimônia de admissão, pela qual passam todos aqueles que foram aceitos para integrar uma Ordem Secreta.*

A Iniciação, independentemente da Ordem com a qual estivermos lidando, pode ser definida como um ritual de passagem muito semelhante a uma morte simbólica, que é representada por meio de um teatro, cujo tema envolve o abandono de todos os vícios, defeitos e transgressões cometidas pelo iniciando, até o presente momento de sua vida.

Após a Iniciação, o que se visa obter é uma pessoa limpa e purificada dos erros cometidos antes desse momento iniciático e que, a partir de agora, esteja disposta a se tornar uma espécie de estrutura vazia, onde possam ser depositados todos os novos elementos simbólicos, morais, históricos e tradicionais da Ordem em questão, a fim de que o recém-iniciado se converta, por meio do entendimento e aplicação em sua vida diária de tudo o que lhe está sendo passado, em uma nova pessoa que preserve nela apenas o que for bom, virtuoso e nobre, começando a viver uma vida mais consciente e edificada sobre os novos valores e Virtudes, que com o passar do tempo eliminarão os erros do passado e abrirão novas oportunidades de crescimento em nível físico, mental, emocional e espiritual.

Em verdade, a medida da seriedade que um Iniciado nos Mistérios leva à Ordem a qual pertença tem a ver muito mais com o respeito e seriedade que tem por si mesmo, em primeiro lugar, pois aquele que não respeita a si mesmo não irá respeitar os demais e jamais estará apto a contrair qualquer responsabilidade relativa a um juramento, promessa ou palavra empenhada, uma vez que não possui suficiente seriedade para isso.

De acordo com o que nos ensina a Tradição Esotérica Ocidental, existem dois tipos de iniciação:

1º – Iniciação Primeira, Formal ou de Acolhimento.

Caracteriza-se por um primeiro ritual, onde o iniciando é aceito em meio aos já iniciados de uma Ordem Secreta. Seu caráter é muito formal, sério e respeitoso e repleto de símbolos, que visam impressionar o iniciando, em relação ao novo mundo em que ele está entrando, sendo acolhido e aceito.

Essa primeira iniciação tem sentido mais para aqueles que já passaram pelo mesma, pois quando eles a veem repetidas vezes, uma vez que como iniciados obtiveram conhecimentos sobre a simbologia, eles a entendem cada vez mais profundamente, muito diferente daqueles que estão recebendo as Luzes da Iniciação pela primeira vez, pois a mesma objetiva muito mais impressionar o Iniciando em nível espiritual e emocional do que lhe dar, em um primeiro momento, muitas explicações, que satisfariam sua mente meramente objetiva, sem produzir o despertar de consciência neutra, que possa ser trabalhada, como já explicamos.

2º – Iniciação Real, Interior ou Verdadeira Iniciação.

Essa é a verdadeira Iniciação, que todo sincero Buscador Espiritual deveria almejar.

Uma vez que o objetivo das Sociedades Secretas é a transformação do indivíduo em um ser humano melhor, com sua consciência desperta e que realmente possa fazer a diferença nesse mundo como um elemento de transformação, a segunda iniciação, uma vez conquistada, lhe transmite certos Poderes que são vistos, por aqueles que ainda não conquistaram esse tipo de Iniciação, como paranormais, sobrenaturais e até mesmo milagrosos.

Todos nós temos o potencial paranormal dentro de nós. Efeitos, tido como milagrosos pelos profanos, ou seja, por aqueles que ainda não foram iniciados, são totalmente naturais àqueles que atingiram a Verdadeira Iniciação, sendo que o brado que lhes compete é a utilização desses poderes para gerar a alteração da realidade, muitas vezes cinza e caótica, convertendo-a em um rico manancial de possibilidades incríveis, que podem ir desde a cura de uma doença até o contato com Inteligências, Mestres e Seres da Alta Invisibilidade, que falam diretamente ao ouvido dos Verdadeiros Iniciados, que por seus méritos, dedicação, seriedade e disciplina demonstrados no caminho espiritual que escolheram podem agora, após terem ampliado suas consciências e tendo transformado a si mesmos, transformar todo o mundo a seu redor, bem como as formas de vida com as quais vierem a entrar em contato, demonstrando-lhes que a felicidade é o propósito da raça humana e que seu derradeiro objetivo é a Ascenção Espiritual e libertação de toda angústia, medo, fobias ou necessidades.

Para se obter a Verdadeira Iniciação, não basta ter presença nas reuniões se, em verdade, não estamos de alma, coração e mente presentes nelas; não basta quitarmos nossas dívidas, taxas e mensalidades, quando nos esquecemos de pagar tributo ao Deus de nosso Coração e de nossa compreensão; não basta decorar todos os rituais, palavras e passagens que compõem uma cerimônia, se não estamos levando tudo isso para nossas vidas diárias e aplicando tão valorosos ensinamentos em nossos pensamentos, palavras e ações.

A fim de que possamos obter a Verdadeira Iniciação, é preciso que façamos da Sociedade Secreta escolhida por nós uma verdadeira filosofia de vida, que possamos vivenciá-la em nosso dia a dia e mesmo desprovidos dos paramentos, símbolos e vestimentas, pelos quais um iniciado poderia ser identificado, que possamos ser reconhecidos pelos outros sem ao menos abrirmos a boca para falar de nossa condição como iniciados, apenas por nossas atitudes e ações capazes de edificar, para melhor, toda vida ao nosso redor. Esse é o Verdadeiro sentido dos termos "Verdadeira Iniciação" e "Franco Iniciado".

Se toda uma vida fosse "gasta" em busca da Verdadeira Iniciação, ainda assim essa vida valeria a pena, pois uma existência dedicada à Espiritualidade gera frutos auspiciosos e Bênçãos, não só para os que se propõem a isso, mas também a todos aqueles que têm a sorte (mérito) de conviver com alguém dedicado a essa nobre causa.

5 – **Misticismo**: *poucas Ordens Secretas têm uma definição tão clara, simples e ao mesmo tempo profunda a respeito da palavra misticismo quanto a Ordem Rosacruz Amorc.*

De acordo com os ensinamentos rosacrucianos, o misticismo seria o estudo dos elos naturais e universais, que unem cada um de nós à causa primeira de todas as coisas.

Muito desse estudo e vivência dos elos, que nos unem ao Deus de nosso coração e de nossa compreensão, são desenvolvidos por meio de rituais, cerimônias, introspecções, orações, meditação, etc. Assim, todo e qualquer sistema religioso, iniciático, ou relativo a uma filosofia de vida, que se utilize de uma simples oração, até complexos rituais repletos de símbolos e alegorias, visando obter um contato com o Pai Celestial é, inquestionavelmente, *místico, e pobre daqueles que, por não se interessarem pelos estudos, não conseguem enxergar isso dentro da Tradição Iniciática na qual operam, seja ela qual for.*

O objetivo final do Misticismo, somente atingido após muitas décadas de dedicação, às vezes até mesmo vidas inteiras, é levar o gênero humano à experiência íntima de Deus, quando comungamos com o Coração do Pai Celestial, após termos entendido que esse Deus de nossos Corações e de nossa Compreensão, em verdade, essencialmente, sempre esteve dentro de nós.

O Misticismo permite que reconheçamos Deus dentro de nós e, a partir do momento em que isso acontece, estamos prontos para nos aceitar como filhos(as) de Deus e estendermos essa aceitação ao próximo, como nossos(as) irmãos(ãs) todos(as), filhos(as) de uma só e da mesma divindade, apesar de seus muitos nomes e formas de culto diferenciadas.

Na Ordem De Molay, o Misticismo se encontra presente por meio da simbologia do fogo, representada pelas velas, relativas às Sete Virtudes Cardeais, que se conseguirem iluminar a alma e o coração dos Sobrinhos farão com que os mesmos, além de atingirem patamares mais elevados de consciência e maturidade, passem a constituir verdadeiros faróis, que nunca foram tão necessários aos demais jovens, ainda não Iniciados, nesses tempos de crise.

Outra evidência do Misticismo presente na Ordem De Molay está nas menções ao Pai Celestial, sejam feitas por meio de orações, citações ou invocações. Quando um jovem De Molay ora ao Pai Celestial, ainda que nem todos tenham consciência disso, está sendo perpetuada uma prática mística, na qual esperamos que esse Pai, que está nos céus, se digne a ouvir nossas súplicas, preces e apelos, o que demonstra nosso desejo de nos aproximarmos desse Deus, já constituindo esse desejo de ser ouvido e de proximidade a perpetuação do objetivo do Misticismo, que é o de levar o gênero humano à experiência íntima de Deus.

Escolas e Religiões de Mistérios da Antiguidade

Egito – Mistérios Osirianos

A Escola de Mistérios Osiriana, entre várias Escolas de Mistérios que existiram no antigo Egito, foi uma das mais proeminentes de seu tempo.

Seus Mistérios versavam a respeito da vida, morte e ressurreição do deus Osíris. É interessante reparar que o termo Ressurreição já era conhecido e utilizado milhares de anos antes de Cristo, pelos egípcios.

Todos os rituais, cerimônias e passagens de Graus da Escola Osiriana estavam relacionados à epopeia que Osíris havia passado, até conseguir o triunfo sobre a morte, bem como o domínio sobre o Reino dos Mortos.

O Mito de Osíris fala que ele era esposo de Ísis – uma das mais emblemáticas deusas egípcias, respeitada e cultuada até hoje em diversas Escolas de Mistérios da atualidade –, pai de Hórus e tinha por irmão Seth, ao qual o mal era relacionado na terra dos faraós.

Seth, que reinava sobre o deserto e nutria uma inveja doentia por seu irmão Osíris, decide matá-lo e para isso arma uma emboscada, realizando um banquete e convidando seu irmão para o mesmo.

No decorrer dos festejos, Seth apresenta um sarcófago magnífico incrustrado de pedras preciosas, confeccionado em ouro maciço, uma verdadeira obra de arte digna dos deuses e que desperta o interesse de todos os presentes. Vendo seu ardil funcionar, Seth promete que dará o sarcófago de presente àquele que couber dentro dele.

Vendo todos os convidados experimentarem se cabem no sarcófago e não desconfiando dos planos de seu irmão, Osíris também resolve entrar no mesmo e, uma vez lá dentro, com o auxílio de 72 conspiradores, que também queriam a morte de Osíris, Seth o trancafia dentro da caixa mortuária e a lança no Rio Nilo, onde por meio de poderosas correntes o sarcófago chega ao Mar Mediterrâneo e finalmente vai parar na Fenícia.

Desesperada pelo não retorno do marido e temendo por sua vida, pois Ísis conhecia o ódio que Seth nutria por Osíris, a deusa parte em sua busca e acaba encontrando o sarcófago que se impactou contra uma árvore e acabou se fundindo com a mesma, sendo cortada para servir de coluna no palácio real. Com a ajuda da rainha e de alguns nobres da Fenícia, que se comprazem em misericórdia por Ísis após saber da terrível história, retiram a coluna do palácio, cujo corpo de Osíris está dentro dela e Ísis, retornando ao Egito, esconde o corpo do marido, ainda fundido à coluna, em uma plantação de papiros, enquanto pensa em um jeito de libertá-lo.

Seth, usando de seus poderes sombrios, sente a presença do irmão o eclipsando uma vez mais e, enfurecido com o resgate de Ísis, passa a buscar novamente por Osíris; encontrando a coluna oculta no meio dos papiros, dá ordens para cortá-la em várias partes, dilacerando o corpo de Osíris em 14 pedaços, segundo algumas tradições, ou em 42 partes, segundo outras, representando o primeiro número o período compreendido entre a Lua Cheia e a Lua Nova, um período muito propício para rituais de magia, até hoje; sendo que o segundo número de partes, 42, representaria as 42 províncias nas quais o Egito estava dividido naquela época. Depois de esquartejado o corpo de Osíris, Seth manda espalhá-lo por todo o Egito.

Uma vez mais, Ísis precisa encontrar seu marido, sendo agora mais difícil a tarefa, visto que ela terá de reunir todas as suas partes, se quiser tentar fazer com que ele retorne à vida. É interessante que a busca de Ísis representa, hoje em dia, a busca dos Iniciados por algum segredo, mistério ou palavra perdida, que uma vez reencontrada e aplicada corretamente pode transformar a vida de um ser humano, fazendo com que ele passe, também, por um verdadeiro renascimento.

Auxiliada por sua irmã Néftis, outra notória deusa egípcia, cujo nome quer dizer *"para onde o Sol retorna no fim de sua jornada"*, ambas encontram todas as partes de Osíris e pedem ajuda para que o barqueiro e deus da Justiça, Anúbis, as auxilie a realizar um processo de mumificação mágico com Osíris, no fim do qual Ísis se transforma em um *Milhafre*, ave sagrada para os egípcios, e, batendo as asas sobre o corpo mumificado de Osíris, faz com que ele retorne à vida.

Após a ressurreição de Osíris, no futuro, o mesmo será vingado por seu filho Hórus, que dará combate a seu tio invejoso, Seth, perdendo o olho esquerdo nessas contendas, que hoje em dia é conhecido como o famoso *Olho de Hórus*. O filho de Osíris triunfará sobre o mal e, por portar nas mãos as chaves da vida e da morte, foi associado a Jesus, em vários contextos gnósticos primitivos.

Todo esse mito Osiriano era vivenciado na Escola de Mistérios Osiriana, por meio de diversas etapas que envolviam provas físicas, associadas aos quatro elementos, terra, ar, água e fogo, provas morais e provas espirituais, nas quais poucos iniciandos passavam, mas os que obtinham sucesso eram admitidos aos Mistérios Maiores e considerados uma própria representação do deus Osíris encarnado, sendo muito respeitados os *Kheri Hebs* (sacerdotes) de Osíris. Os Mistérios da Escola Osiriana continuam a inspirar diversas escolas de Mistérios de nosso mundo moderno.

Osíris   Ísis   Hórus   Seth

Grécia – Os Mistérios de Elêusis

Os Mistérios de Elêusis ou *Mistérios Eleusinos* estão entre os mais emblemáticos das Escolas de Mistérios gregas e estavam focados na relação entre Deméter e sua filha Perséfone. Tamanha foi sua importância, que os mesmos acabaram influenciando também certos Mistérios cultuados em Roma, que depois viriam adentrar o próprio Cristianismo.

Na Antiguidade, o sagrado estava intimamente associado aos ciclos de vida e morte existentes na Natureza, que se evidenciavam por meio das mudanças de estações e épocas propícias para plantios e colheitas. As mesmas fases de início, desenvolvimento, ápice e declínio que ocorriam na natureza também eram encontradas na própria constituição e jornada da vida de um ser humano, sendo que a compreensão das diferentes fases de vida e a harmonização do homem com o meio natural ao seu redor, desde o pequeno grão de areia até a estrela mais longínqua do Universo, conferiam grande poder a todos aqueles que obtivessem a chave desse todo harmônico e perfeitamente sincronizado.

Os sacerdotes de Elêusis, uma localidade da Grécia próxima a Atenas, tornaram mais rebuscada e cheia de beleza uma doutrina esotérica que era perpetuada desde o Egito antigo, onde também se cultuavam as estações e os ciclos da natureza.

Em meio a uma verdadeira cadeia de templos dedicados aos Mistérios Eleusinos um, entre esses vários templos, se destacava: o Templo de Deméter, conhecido como *Telesterion*, palavra que curiosamente está associada ao local onde os Rosacruzes realizam seus estudos, em seus lares, sendo o Telesterion Rosacruciano o local onde o Rosacruz recebe a Gnose, por meio de monografias e práticas de transcendência da consciência que lhe são gradativamente desveladas, a fim de que as praticando possam os Frates e Sorores repararem e regenerarem seus seres, para que a Rosa (Alma) possa desabrochar totalmente em meio à Cruz (corpo físico).

De acordo com o Mito, Perséfone, Rainha do Submundo, filha da deusa Deméter, é tida como a guardiã dos Segredos, bem como dos Mistérios e do Reino dos Mortos.

Hades, senhor do Submundo, acabou se apaixonando por Perséfone e a raptou de sua mãe Deméter, levando a jovem para viver em seus reinos. Chegando a seus domínios, ofereceu uma romã para que Perséfone a comesse. Ao comungar da fruta com Hades, Perséfone ficaria ligada para sempre ao deus, bem como ao seu reino e aos mortos.

Enfurecida com o acontecido, Deméter secava a terra por três meses e só voltava a conceder a vida à mesma por ocasião da primavera, quando Perséfone regressava à sua mãe, passando com ela três estações do ano e retornando, quando da chegada do inverno, ao seu marido Hades, que a aguardava no Submundo.

No início, a fúria de Deméter foi tão grande com o rapto de sua filha que mesmo Hades a tendo honrado e feito de Perséfone sua rainha, a mãe dela não aceitou a situação e retirou toda a abundância e fertilidade da Terra. Se não fosse a interferência do astucioso Hermes, o Mensageiro dos Deuses, que convenceu Deméter a concordar com que Perséfone passasse três meses junto ao seu marido, Deméter teria secado completamente a vida na Terra para sempre, mas mesmo depois do acordo firmado, sempre que o inverno chegava Deméter ficava triste com a ausência de sua filha e as plantas, bem como toda a vida, minguavam.

Muitos são os elementos iniciáticos encontrados nesse mito, que nos foram legados pelos gregos, encontrando-se os mesmos ainda presentes em algumas Sociedades Secretas de nosso tempo.

A romã, quando trabalhada em pares e deixada apoiada em pedras, ou sobre colunas, representava uma entrada, um portal, para o Mundo dos Mortos, o que tem fortes ligações com a Iniciação, uma vez que esta nada mais é do que a representação teatral da morte do velho ser, a fim de que um novo ser possa renascer; o portal, constituído por romãs, marcava o ponto inicial de onde as jornadas iniciáticas começavam.

Mesmo a romã representando a fruta dos mortos, em algumas Tradições e caminhos iniciáticos, já em outros contextos, a mesma está associada à fertilidade, e se envolver nos estudos dos Mistérios é realmente adentrar em território muito fértil, que pode ser percorrido tanto em nível interior como por meio de toda uma série de símbolos, informações e ensinamentos que estão ao redor do buscador espiritual, que sabe ver e que por intermédio de seu sério comprometimento com a busca acaba tendo acesso a seus infinitos potenciais interiores, o que lhe permite fertilizar e gerar uma nova vida, não muito diferente do retorno da primavera, uma época de renascimento à qual só chegam os suficientemente fortes para sobreviver aos rigorosos invernos da inconsciência a respeito de quem somos de fato, o que só nos causa dor, alienação e sofrimento, esse não saber.

Muitos relacionam o rapto de Perséfone, da condição paradisíaca na qual a jovem deusa vivia com sua mãe, Deméter, à perda de consciência, momentaneamente, em relação a quem somos nós, de onde viemos e a respeito de nossos incríveis potenciais, que teremos de buscar em nosso âmago, o que explica a relação desse mito com nosso inconsciente, sendo essa busca realizada em meio a incertas e enevoadas estradas sinuosas, onde nada nos virá ou será dado de graça, mas por meio da coragem, fé e determinação poderemos vencer as provas do caminho e reconquistar, por mérito próprio, o direito de vislumbrar a luz e por meio, ainda que, de um raio fugaz da mesma, começar a encetar uma busca muito séria a respeito de quem, realmente, somos nós.

O Rapto de Prosérpina, por Hades: uma das partes principais dos Mistérios de Elêusis.

Artista – Luca Giordano (Nápoles, 18 de outubro de 1634 – idem, 3 de janeiro de 1705)

Roma – Vestais: as Guardiãs da Chama Sagrada

A Deusa Vesta

Filha de Cibele e Saturno, Vesta foi devorada pelo próprio pai quando de seu nascimento, mas resgatada por Zeus, que depois, com a ajuda de Poseidon e Hades, colocaria um fim ao reinado de Saturno e iniciaria o reinado dos Deuses Olímpicos.

Sendo uma das 12 principais deusas do Olimpo, por direito de primogenitura, Vesta se destacava por não se envolver nos conflitos entre deuses ou mortais, nunca tendo deixado o Olimpo, e por essa sua característica caseira era a protetora dos lares e da família.

Trajava-se com longo vestido e muitas vezes se apresentava com a cabeça coberta, o que aumentava sua aura de mistério a ser desvelado, uma vez que também era a deusa do Fogo Sagrado, que ardia tanto nos templos quanto nas piras domésticas.

Sendo o fogo um dos símbolos mais emblemáticos para os buscadores do conhecimento e da espiritualidade, não é de se estranhar a presença de imagens da deusa Vesta tanto em templos quanto em moradas, que acolhiam os jovens que estivessem estudando longe de suas terras natais. Essas imagens faziam com que os jovens, mesmo distantes de seus lares, se sentissem um pouco mais protegidos e nutridos pela chama sagrada, que, além do calor acalentador do lar, também os inspirava a não fraquejar nunca em sua busca por sabedoria. Creio que essa informação para os jovens De Molays e para outros grupos juvenis que empregam o fogo em seus rituais deva constituir um elemento para profundas reflexões, uma vez que devemos sempre procurar por explicações a respeito dos elementos presentes em nossos Rituais e qual relação existente entre o seu emprego atual e o passado distante, onde se originaram os usos, costumes e Tradições, que continuamos mantendo hoje.

As Virgens Vestais

Foi Numa Pompilius (21 de abril de 753 a.C.-673 a.C.), um sábio pacífico e religioso, escolhido para ser o segundo rei de Roma, que edificou o primeiro templo dedicado à deusa Vesta. Foi o responsável pelo cuidado acurado em diversos ofícios religiosos e estabeleceu o primeiro calendário. Curiosamente, apesar de seu fervor religioso, Numa Pompilius não permitiu durante seu reinado que se construíssem imagens dos deuses, muito menos que os mesmos fossem venerados em formas mais terrenas, como na forma de animais, pois considerava isso um sacrilégio e desejava que os romanos apontassem para uma compreensão mais sublime e essencial das divindades.

Tendo instituído o Colégio das Virgens Vestais, Numa Pompilius velava por elas e pelo cumprimento das rígidas regras, pelas quais as Vestais eram selecionadas, e as que não viessem de um ramo de filiação específico, as que tivessem problemas físicos ou mentais, bem como as que fossem filhas dos sacerdotes de Marte, já eram prontamente desqualificadas para esse ofício. As primeiras quatro virgens vestais foram: *Gegânia, Verênia, Canuleia* e *Tarpeia*. Depois se juntaram a essas mais duas virgens, em um total de seis, que passaram a constituir a primeira formação.

O Culto e manutenção do Fogo Sagrado do Templo, pelas Vestais, prosperou até a Ascenção do Imperador Graciliano, que passou a hostilmente persegui-las, sendo que seu sucessor, Teodósio I, proibiu definitivamente o culto. Por volta de 394 d.C., o fogo de Vesta se apagou e a reverência à Deusa Vesta foi se extinguindo da memória de seus devotos.

Após passarem por um ritual de Iniciação, as virgens vestais eram confiadas ao *Colégio Pontífice*. Ao longo de 30 anos, as virgens vestais seriam preparadas por meio de diversas fases de aprendizado, que se mesclavam com diferentes funções, a saber: nos primeiros dez anos, as virgens vestais aprendiam as obrigações do culto à Vesta; nos próximos dez anos elas desenvolviam as atividades de sacerdotisa e, nos últimos dez anos, ensinavam os afazeres às novas sacerdotisas. Só após os 30 anos de sacerdócio as virgens vestais tinham permissão para casar, mas muitas optavam por continuar se dedicando aos seus ofícios religiosos.

Uma virgem vestal preservava sua pureza e virgindade até que fosse dispensada de seus ofícios. Caso perdesse sua virgindade antes do tempo estipulado, a vestal era encerrada em subterrâneos, com uma parca cama e pequena quantidade de alimentos, o que não lhe garantiria a sobrevivência. Esse acontecimento trazia tristeza a todos os habitantes da cidade que, em caso da condenação de uma vestal, acompanhavam todo o processo, até a sentença de aprisionamento nos subterrâneos, com um profundo silêncio, que fazia a tristeza de todos ser fortemente sentida, até por estrangeiros que desconheciam esses costumes.

As Vestais eram extremamente respeitadas em Roma, não apenas em funções religiosas, mas até mesmo em meio ao direito romano, e seu poder chegava a tal ponto que podiam até salvar condenados à morte por meio de poucas palavras, que seriam acatadas, praticamente, sem questionamentos.

Os romanos recorriam às Vestais para pedir por diversos tipos de orações, que serviam para resolver os mais variados tipos de problemas da vida cotidiana. A crença no poder da força do verbo de uma Vestal, quando ela entoava uma oração, era algo notoriamente conhecido e respeitado por todos.

As Vestais foram, realmente, uma classe diferenciada de mulheres representantes do Sagrado Feminino, como poucos grupos ao longo da história da humanidade. Suas vestes eram brancas, ornadas por detalhes em púrpura, e o uso constante do véu lhes conferia um caráter ainda mais virginal, misterioso e secreto. A líder das Vestais era conhecida como a Grande Vesta (*Maxima Virgo*).

O templo da deusa Vesta, no qual era mantida a Chama Sagrada pelas vestais, já era diferenciado de todas as demais construções da época, por possuir uma arquitetura arredondada, que destoava dos padrões retangulares e retilíneos das demais construções romanas. Até hoje as formas circulares são consideradas sagradas e quando um círculo é traçado no chão, o mesmo estabelece uma dimensão entre os mundos visível e invisível, delimitando um espaço sagrado onde podem ser realizados rituais. Um templo circular, com uma chama ardendo no centro dele, circundada por mulheres cingidas de branco deve, realmente, ter sido uma imagem memorável a todos que puderam contemplar essa cena ao vivo, na antiga Roma.

Em uma câmara secreta do templo eram conservadas as relíquias sagradas das Virgens Vestais, como o *Palladium*, uma estátua de madeira da deusa Minerva, que fora trazida de Troia por Eneias e que conferia um grande poder a quem a possuísse, podendo, à primeira olhada, cegar os que não estivessem prontos e evoluídos suficientemente para compreender os Mistérios Maiores. Quer essa história seja um mito ou não, é sempre bom atentarmos para o significado por trás dela, sendo condição *sinne qua non* estar preparado para estudar os segredos superiores, que não se desvelam aos que não possuem o devido preparo e disciplina para isso.

O fogo, desde o início dos tempos, sempre teve uma influência marcante na desenvoltura do ser humano, principalmente como estimulador de sua imaginação, sentimentos de devoção e fé, sendo a Luz o derradeiro objetivo de um buscador espiritual.

De acordo com alguns ensinamentos Rosacruzes, o fogo representa a luz cósmica manifestada na face da Terra e por isso os mesmos jamais usam o sopro, associado à energia vital, para extingui-la preferindo abafá-la, o que denota extremo respeito a esse elemento.

Candeias (*lâmpadas a óleo*), tochas e velas são símbolos do Buscador espiritual e, mesmo que a luz emanada dessas fontes possa, às vezes, ser tênue, é suficiente para iluminar caminhos nem sempre luminosos, mas que precisam ser bravamente percorridos por todo aquele que pretende acender sua Chama Interna e se tornar um Iluminado, com o passar de suas vidas aqui na Terra.

Desde a pira sagrada das virgens vestais de outrora até as Sete Chamas sagradas da Ordem De Molay, muitas são as lições do fogo, ao longo das eras, destinadas àqueles que sabem contemplar em silêncio o luzir dos círios, entendendo que viemos da luz, somos luz e à luz retornaremos.

Deusa Vesta.

Virgens Vestais de Jean Raoux, 1727.

Pérsia – Zoroastrismo: Luz e Trevas

O Zoroastrismo, também conhecido pelos nomes de Masdaísmo, Masdeísmo ou Parsismo, surgiu na Pérsia, por volta de 628 a 551 a.C., tendo sido criado por Zaratustra, a quem os gregos chamavam de *Zoroastro*.

A crença em um *Paraíso*, na *Ressurreição*, no *Juízo Final* e na *Vinda de um Messias* fez com que o Zoroastrismo influenciasse profundamente o Cristianismo. A essas ideias se agregavam fortes princípios dualistas, segundo os quais tudo estava dividido entre o bem e o mal.

O princípio luminoso era chamado de Ahura Mazda, que representava o bem, a verdade e as boas virtudes. Tendo o fogo como símbolo principal de seu culto e como um meio pelo qual essa divindade se comunicava com os homens, Ahura Mazda reinava sobre o céu e concedia aos que fossem dignos sabedoria, abundância e fertilidade.

Seu opositor era conhecido como Arimã: deus das trevas, do caos, da destruição, da desordem e da morte. Arimã objetivava levar os homens à devassidão total, corrompendo a alma humana, e sempre criava armadilhas para cegar os que tentavam perseverar em meio às trevas, rumo à luz e à verdade. A mentira, o embuste e a enganação eram ferramentas usadas por Arimã para afastar o buscador da Senda Verdadeira, sendo que o mesmo deveria estar sempre atento e praticar muito a auto-observação caso não quisesse ser vítima dos ardis do deus das trevas.

Os elementos de dualidade e luta entre o bem e o mal fazem parte dos ensinamentos que existem até hoje em diversas Religiões, filosofias de vida e Ordens Secretas. Do Maniqueísmo, passando pelo Catarismo na Idade Média e chegando à Ordem dos Pobres Cavaleiros de Cristo e do Templo de Salomão, a Dualidade e a eterna luta entre o bem e o mal estão presentes até hoje, onde esses princípios opostos são representados na moderna Maçonaria pelo Pavimento Mosaico existente nela, em que, por meio de quadrados pretos e brancos que figuram no piso dos templos maçônicos, os adeptos da Ordem aprendem a necessidade de controlar as polaridades internamente visando chegar ao equilíbrio e à harmonia, em meio a uma luminosa jornada rumo à evolução espiritual.

Poucos grupos, nitidamente influenciados pela doutrina do Zoroastrismo e posteriormente pelo Maniqueísmo, deixaram tão clara a separação entre o bem e o mal como os Cátaros, um movimento primitivo gnóstico/cristão, que floresceu fortemente no sul da França e que influenciou de modo signicativo a fé dos primeiros Templários, sendo que alguns cavaleiros eram oriundos dessa região. Quem sabe por esse motivo, o estandarte emblemático dos Templários, conhecido pelo nome de *Beauceant*, apresentava e apresenta até hoje duas metades, sendo uma branca e outra negra, em uma nítida alusão de que os cavaleiros devem se esforçar para passar da metade obscura de seu estandarte à metade clara, o que somente é possível pela prática da honradez, do bom combate e pela valorização das Virtudes, que coíbem o lado sombrio, instintivo e impuro do ser humano, fazendo com que a essência divina aflore no mesmo, de dentro para fora, visando não apenas à autoiluminação, mas também à própria manifestação da luz na face da Terra.

Os Cátaros costumavam dizer que os homens podiam ser comparados às espadas, que deveriam, por meio do livre-arbítrio, decidir em quais mãos se entregariam: nas mãos dos anjos ou nas mãos dos demônios. De acordo com sua escolha, o homem estaria fadado a uma vida de martírios e sofrimentos, uma vez que todo o mal que fizesse voltaria a si mesmo, ou a uma existência de esperança, luta e progressos no caminho da luz que, embora muitas vezes difícil e árduo, recompensava regiamente em nível material, mental, emocional e espiritual todos aqueles que perseverassem na Senda das Virtudes.

Hoje em dia, não podemos deixar de notar que a vestimenta usada tanto na Maçonaria como pelos membros da Ordem De Molay, embaixo de seus paramentos ritualísticos, é branca e preta, o que nos leva a refletir sob o alcance das ideias de Zoroastro, que se iniciaram milênios atrás, bem como sobre a necessidade, como adeptos dessas Ordens, do quanto estamos nos esforçando para sublimar as

Zoroastro.

trevas, os instintos e nossos defeitos, para que floresça em nosso ser a luz, nossa real origem e para onde voltaremos, tão logo tenhamos nos regenerado e nos reparado de inúmeras transgressões, ao longo de vidas, cometidas pela falta de consciência e exacerbação do ego.

Concluindo, o livro sagrado dos zoroastristas é conhecido pelo nome de *Avesta*. Nele estão contidos muitos ensinamentos, alguns de autoria do próprio Zaratustra e que versam sobre a Imortalidade da alma; a vinda de um Messias; a Ressurreição dos mortos e o Juízo Final.

Diferentemente da Bíblia, o Avesta possui poucas narrativas e mais orações; hinos religiosos; (*Gathas*) ofícios sagrados; (*Yasna*) e regras de purificação, reparação e regeneração do ser (*Vendidad*).

Impossível não considerar a doutrina de Zoroastro como precursora de várias religiões que existem hoje em nosso mundo, sendo essa religião antiga uma fonte de inspiração para várias formas de crenças e cultos modernos.

O Faravahar é uma representação da alma humana, antes do nascimento e depois da morte. Um dos principais símbolos do Zoroastrismo.

Índia/Pérsia – O Mitraísmo

Originalmente o Mitraísmo surgiu na Índia, mas depois se espalhou rapidamente pela Pérsia, Grécia e Roma, onde possuía vários adeptos, até a proibição dos cultos pelo imperador Teodósio I que, além de perseguir violentamente os pagãos, autorizou a construção de igrejas cristãs sobre os antigos locais de culto do Mitraísmo, tendo ocorrido essa profanação dos santuários e templos antigos em praticamente todo o Império Romano.

O Mitraísmo foi incorporado rapidamente ao Zoroastrismo e, quando analisamos profundamente a moderna religião cristã, é impossível não vermos a grande influência que essas duas religiões antigas exerceram no Cristianismo, bem como em várias práticas existentes, até hoje, em diversas Sociedades Secretas e Ordens Iniciáticas, entre elas a Maçonaria.

Mitra

Para os hindus e persas, Mitra representava a luz, sendo adorado na Pérsia como uma divindade solar.

Mitra ou *O Amigo*, assim como Jesus milhares de anos depois, tinha nascido de uma virgem conhecida pelo nome de Anahita e seu pai era o próprio Ahura Mazda, deus do Bem, da Luz e das Virtudes, já explicado quando falamos do Zoroastrismo.

Todos os que cultuavam a Virgem Imaculada, Anahita, tinham por característica o autocontrole e a resistência aos instintos sexuais e às armadilhas da sensualidade, dentro de um contexto não muito diferente dos votos de castidade dos monges, padres e freiras de hoje em dia.

Segundo a tradição, Mitra nasceu próximo de uma fonte e debaixo de uma árvore sagrada, que se situavam perto de uma gruta, que lhe serviu de refúgio. Nessa gruta que acolheu seu nascimento passou a existir a *Petra Generatrix*, sendo curioso o fato de Jesus, posteriormente e dentro de um outro sistema, dizer que edificaria sua Igreja sobre a Pedra: "*Tu és Pedro, e sobre esta pedra edificarei minha Igreja...*" (Mateus 16:18).

Mitra representava a regeneração, a reparação e a libertação da matéria. Lutava contra os inimigos das trevas, que punham em risco a criação de seu pai, Ahura Mazda, e viajava em uma carruagem pelo céu estando intimamente associado ao Sol, capaz de vencer e triunfar sobre a escuridão.

Os Cultos de Mitra: Graus, Templo e Mistérios

A admissão aos Mistérios do Mitraísmo, dos quais apenas homens participavam, envolvia complexos rituais de Iniciação, que se desenvolviam ao longo de sete estágios, sendo que no último deles a proposta era uma união mística do adepto com Deus.

Os rituais ocorriam em locais conhecidos com o nome de Mitreus (*Mithraeum*), que de início eram cavernas, mas com o passar dos tempos passaram a ser pequenos templos, que comportavam no máximo 40 pessoas, sendo os mesmos desprovidos de janelas, o que evitava a entrada de luz, para evidenciar ainda mais a importância do fogo nos rituais, bem como a atmosfera de mistério.

Os mitreus tinham sempre a aparência de uma caverna, em alusão às primeiras onde o Mitraísmo se originou. A forma do templo era retangular e seu teto era sempre arqueado para que lembrasse uma abóbada celeste. No plano do solo, um corredor dividia o templo em duas metades, onde os adeptos sentavam-se, muitas vezes, em assentos esculpidos na própria pedra. No centro do corredor e deslocado para a extremidade leste do templo havia um altar, onde se davam os rituais. Uma grande imagem de Mitra sacrificando o touro sagrado sempre se encontrava presente em uma das paredes, sendo o sacrifício desse animal, naqueles tempos, um dos pontos altos do culto de Mitra.

Durante a Iniciação Mitraica, o neófito era amarrado e conduzido vendado até o Altar de Mitra, onde era desvendado e lhe era apresentada uma coroa, conhecida pelo nome de *Coroa do Mundo*. O sacerdote colocava a coroa sobre a cabeça do iniciando, que deveria recusá-la a todo custo dizendo as seguintes palavras: "*Mitra é minha única coroa*". Nesse ponto da explicação dos Mistérios Mitraicos, é dispensável pedir que os Sobrinhos De Molay prestem atenção a essa simbologia, uma vez que se analisarmos as reais origens da moderna Coroa da Juventude, ficaremos surpresos com quantos aspectos dos Mistérios Antigos podemos relacionar a ela.

A antiga Coroa do Mundo, do Mitraísmo, pode servir para profundas reflexões à juventude de hoje em dia, uma vez que o mundo pertence ao jovem, que se vale dos conselhos dos mais sábios e vividos, respeitando sempre a Tradição. Uma vez que a coroa representa uma abertura e expansão de consciência e não apenas o poder temporal da nobreza, ter uma Coroa entre as mãos, como ocorria nos Mistérios de Mitra, significava que, àquele a quem fosse concedida a Coroa, o brado que lhe competiria seria tornar-se sábio, conhecer a si mesmo e depois, com base na sabedoria e no poder adquiridos, colocar os mesmos a serviço da evolução do todo ao seu redor.

O Mitraísmo possuía sete Graus de iniciação e, de acordo com o magnífico autor de **O Poder do Mito**, Joseph Campbell, esses Graus podiam ser relacionados aos sete planetas conhecidos na Antiguidade, a saber: Sol, Lua, Mercúrio, Marte, Vênus, Júpiter e Saturno. Por ser tão complexo e exigir uma rígida disciplina e aprofundamento, a maioria das pessoas que se envolviam com o Mitraísmo chegava apenas ao quarto Grau – *Leo* (Leão). Raríssimos eram os que dominavam o sistema todo e atingiam os Graus Superiores.

Os Graus do Mitraísmo eram os seguintes:

– <u>*Corax (Corvo) Primeiro Grau*</u> – associado a Mercúrio. Símbolos: o corvo; o caduceu; o aríete; a lira; a tartaruga; o vaso.

Isso é muito interessante, pois o corvo é uma ave extremamente simbólica, que pode ser encontrada na Alquimia, dentro do estágio conhecido pelo nome de *Nigredo*, o corvo negro, um estágio altamente iniciático, em que se torna necessário destruir a matéria-prima na qual as impurezas estão mescladas a elementos preciosos e dar uma nova forma a ela, que representa um renascimento, que é o tema de todo e qualquer tipo de Iniciação. Somente separando o que é grosseiro, instintivo e falho em nós, estando associados esses vícios ao Chumbo (Ego), é que um dia poderemos chegar ao Ouro (Essência), e por isso os Adeptos do Mitraísmo escolheram o Corvo que, simbolicamente, representava todo esse processo de Morte e confronto com nosso lado escuro, a fim de que, vencidas as oposições, pudéssemos renascer para uma Nova Vida.

O Corvo é visto, dentro do Xamanismo norte-americano, como um Mensageiro entre Os Mundos e responsável pela fluidez das energias, no meio dos Rituais de Magia.

Sendo o detentor da Magia, para os Índios Americanos, o Corvo é um Mestre Sábio e Poderoso, que se torna extremamente ameaçador e se volta contra os que querem se utilizar da Magia para fins mesquinhos e propósitos pouco honrados.

A Magia do Corvo é extremamente poderosa e nos inspira Coragem para que possamos avançar rumo ao Grande Mistério, que os Xamãs norte-americanos reverenciam como a Origem de todas as coisas; um lugar Sagrado onde até mesmo o que não se manifestou visivelmente pode ser vislumbrado e daí a associação do Corvo, também, com poderes visionários e de premonição.

Por estar associado a certos aspectos mortuários, o Corvo pode ser relacionado à Iniciação, que é um Drama Ritualístico, em que estamos representando a morte simbólica do velho ser, a fim de que um novo ser que aspira à Evolução possa nascer e iniciar sua Jornada em direção à Luz, que é sua Real Origem, muito contrária às trevas da ignorância e do obscurantismo onde vivia o profano, ou *forasteiro*, antes de ser Iniciado.

Tanto em livros como em filmes e séries de televisão famosos, o Corvo já foi retratado diversas vezes, em toda a sua rica simbologia. Eis aqui alguns exemplos:

Excalibur – na melhor versão dos Mitos Arthurianos para o cinema, baseada na obra **A Morte de Arthur** (Le Mort d'Arthur), de Sir Thomas Malory, o Mago Merlim, no filme, aparece acompanhado de dois Corvos, que representam tanto a Magia, como já explicado, mas também um prenúncio da morte de alguns personagens da Saga, quando os mesmos estão por perto.

Sherlock Homes – no primeiro filme da mais recente versão sobre o detetive mais famoso do mundo, estrelado pelo ator Robert Downey Jr., que também interpreta *O Homem de Ferro*, o Corvo aparece associado ao vilão caçado freneticamente por Holmes, nas ruas enevoadas da Inglaterra Vitoriana.

Nessa ficção, Lorde Blackwood, um obcecado por Magia e Ocultismo, é membro do Templo das Quatro Ordens, uma Ordem Secreta nitidamente inspirada na Ordem da Aurora Dourada (**The Hermetic Order of Golden Dawn**), que realmente existiu na época Vitoriana e congregou os maiores Ocultistas daquele tempo, entre eles W. Wynn Westcott (fundador da Golden Dawn), Samuel Liddell "MacGregor" Mathers, Aleister Crowley, Dion Fortune, Arthur Edward Waite e Israel Regardie, entre outros.

Mesclando Rituais de Magia com Ciência e se utilizando do medo como uma arma poderosa, para dominar e sugestionar seus opositores, Lorde Blackwood planeja tomar o controle da Ordem dos Quatro Templos, da qual fazem parte membros da Nobreza e da Elite Britânica; acabar com o Parlamento e lançar a Inglaterra rumo a guerras que visem submeter as outras nações e iniciar uma distorcida ideia de uma Nova Ordem Mundial.

Sempre que Blackwood vai eliminando um a um seus opositores aparece na cena, um pouco antes da morte deles, um sinistro Corvo a gralhar.

Mesclando ficção e realidade, como já dissemos, ao explicar a simbologia do Corvo dentro do Xamanismo, o mesmo pode se voltar violentamente contra aqueles que se utilizam da Magia e da Espiritualidade com fins pouco nobres. Isso foi muito bem utilizado no filme, no qual a Magia, o Destino e a Sorte se voltam contra Blackwood, que é subjugado pela inteligência de Sherlock Holmes, que, mesmo não acreditando em Magia, se vale da mesma para clarear e colocar as ideias de sua fantástica mente e poder dedutivo em ordem conseguindo assim solucionar o caso, que culmina em um fim trágico para Lorde Blackwood, em um típico choque de retorno, ao qual estão sujeitos todos aqueles que acreditam poder lidar com as Forças Ocultas sem ter a devida Moral, desenvolvimento de Consciência e preparo para isso.

Existem tantas referências ocultas nesse filme, além do Corvo, que vale a pena assistir a ele.

Game of Thrones – dentro da fantástica e excepcional Saga criada por George R. R. Martin, o personagem Brandon Stark (*Bran*) começa a ter sonhos extremamente simbólicos com um Corvo de três olhos, após perder o movimento das pernas, depois de ter sido empurrado de uma torre por Jaime Lannister, na tentativa de encobertar o incesto praticado com sua irmã Cersei Lannister e flagrado por Bran, o que poderia custar a cabeça de ambos, caso o menino relatasse o que viu ao seu pai Eddard Stark (*Ned*), melhor amigo do Rei Robert Baratheon, casado com Cersei.

No livro, sempre mais detalhado e rebuscado que a série de televisão, na primeira vez que Bran entra em contato com o Corvo de três olhos, isso pode ser associado a uma perfeita experiência de Projeciologia ou Experiência Fora do Corpo (E.F.C.), a qual as pessoas, popularmente, costumam chamar de Viagem Astral, sendo essa habilidade Extrassensorial muito estudada pela Parapsicologia, estando a mesma presente, como prática de desenvolvimento de nossos potenciais interiores, dentro de diversas Sociedades Secretas.

Desde tempos imemoriais, em nosso mundo real, a simbologia do Corvo o descreve como um Mestre Sábio e Poderoso, que lega seu Conhecimento e Magia aos que buscam e têm méritos para isso.

Bran Stark, auxiliado por alguns amigos, entre eles Jojen Reed, que possui alguns poderes já desenvolvidos, parte em uma Jornada em busca do Corvo de três olhos, com o qual poderá entender e aprender a lidar melhor com seus potenciais recém-despertados.

A demanda os leva até um Ancião, que segundo suas próprias palavras já foi "muitas coisas", entre elas o próprio Corvo de três olhos, e a partir desse encontro uma nova fase se iniciará na vida de Bran Stark, associada ao desenvolvimento de seus poderes e à aquisição de conhecimentos, o que em nosso mundo real pode ser nitidamente associado ao que acontece após alguém ter sido Iniciado: o adquirir de uma Sabedoria reservada para os poucos que têm méritos, pela qual é possível saber quem somos, quais são nossos potenciais e, fazendo uso dos mesmos evoluirmos nossa Consciência, e com isso, o Todo ao nosso redor.

Dentro das Iniciações e dos primeiros estudos do Xamanismo, os iniciantes aprendem sobre o Mundo Espiritual e seus diversos níveis. Para adentrar, com segurança, a esse mundo e saber se conduzir pelo mesmo, o Xamã conta com o auxílio dos chamados Animais Guardiões ou Animais do Poder, que, por conhecerem os intrincados caminhos e níveis dessa realidade mais sutil, podem auxiliá-lo em sua Busca Espiritual.

Cada Xamã possui seu próprio Animal Guardião, que lhe é apresentado por meio de uma Jornada Iniciática conduzida, sempre, por Xamãs mais Sábios e experientes. Após se estabelecer o contato com esse Animal Guardião, muitas vezes o Xamã começa a se utilizar das habilidades e características do mesmo para vislumbrar o que ainda não aconteceu, seja temporal ou espacialmente, exatamente como acontece com Bran Stark na ficção, e agora está mais do que explicado de onde George R. R. Martin tirou suas ideias a respeito de um menino sendo guiado por um Corvo, em meio ao mundo Espiritual e viajando por meio de Lobos, depois de entrar em sintonia e comunhão com os mesmos.

Autores como Júlio Verne, J. R. R. Tolkien, Marion Zimmer Bradley, J. K. Rowling, Dan Brown e Monteiro Lobato, entre outros, colocam ficção, fantasia e muita imaginação em seus livros. Mas, se levarmos em conta que alguns desses autores, não todos, têm seus nomes associados a algumas das mais notórias Sociedades Secretas de nosso mundo, fica evidente, para os que sabem ver, certas simbologias e referências ocultas, que saltam aos olhos devidamente treinados daqueles que leem suas obras com atenção e não, simplesmente, como uma maneira de passar o tempo.

Como podemos ver, O Corvo, nome do Primeiro Grau de Iniciação do Mitraísmo, continua rendendo muitas reflexões até hoje, seja no mundo Iniciático, na Literatura, na Arte e em diversos contextos, que inspiram o gênero humano desde sempre e, talvez por esse motivo, os Adeptos do Mitraísmo adotaram essa ave como símbolo do Início da Jornada, em sua Tradição.

– <u>Cryphius, (Oculto) ou Nymphus Segundo Grau</u> – associado a Vênus. Símbolos: a serpente; a tiara; a lâmpada a óleo.

A Segunda Iniciação pedia castidade, durante essa fase. Tinha a ver com a contenção dos desejos instintivos e das paixões, a fim de que estes pudessem ser subjugados e posteriormente, sob controle, se fazer um bom uso dessa força.

– <u>Miles (Soldado) Terceiro Grau</u> – associado a Marte. Símbolos: o escorpião; o elmo; a lança; o alforje; o Barrete Frígio.*

Nesse Grau, o Iniciando era apresentado diante do altar estando vendado e com as mãos atadas. Faziam ele ajoelhar-se, coroavam-no com uma coroa de ramagens e flores e repentinamente, com um só golpe desferido pela ponta de uma lança afiada, o libertavam de suas amarras nas mãos e lhe tiravam rapidamente a venda.

Ao ver-se coroado, o candidato devia retirar a coroa de sua cabeça e passá-la ao ombro, dizendo: *"Mitra é minha única Coroa"*.

Os escravos, durante o Império Romano, que haviam conseguido a emancipação de seus senhores, usavam o Barrete Frígio, o que indicava que seus filhos também nasceriam livres.

Entre vários atributos, Mitra era conhecido como o *Libertador dos Homens* de suas ilusões terrenas, sendo esse gorro vermelho um símbolo dessa liberdade.

Curiosamente, durante a Revolução Francesa, os republicanos o usavam e ele também foi adotado em vários países que lutaram para se emancipar, o que reforça ainda mais seu simbolismo de Liberdade, não apenas em um sentido filosófico e espiritualista.

– <u>Leo (Leão) Quarto Grau</u> – associado a Júpiter. Símbolos: o cão; o cipreste; a coroa de louros; o relâmpago; a águia; a vespa.

---

* O Barrete Frígio é um gorro ou touca, na cor vermelha, que surgiu na Frígia, uma antiga região da Ásia Menor, onde hoje se situa a Turquia. Durante o Helenismo e na Roma antiga, o Barrete Frígio era usado pelos adeptos do Mitraísmo de Terceiro Grau e simbolizava a Liberdade.

O fogo dominava o simbolismo do Quarto Grau e ao Iniciando não era permitido, durante a cerimônia, o contato com a água. O mesmo purificava as mãos com mel que era colocado em pequena quantidade na língua do Iniciando, para ungi-la.

A guarda da Chama Sagrada do Altar era confiada aos Iniciandos, que deveriam mantê-la acesa.

Uma Ceia Mística cujos elementos principais eram o Pão, o Vinho e a Água era celebrada nesse Grau, dentro do próprio Mitreus, (Templo), em alusão à última Ceia de Mitra, com seus companheiros, antes de ele ascender aos Céus, em uma Carruagem Solar. (No mínimo interessante, não?)

– <u>Perses (Persa) Quinto Grau</u> – associado à Lua. Símbolos: o arco; a aljava; o bastão; a Lua Crescente; a coruja; o rouxinol; o cântaro; o tripé; as espigas.

Nesse Grau aparecia Cautopates, um misterioso pastor que porta uma tocha acesa, voltada para o chão, sendo ele o irmão de Cautes, que será abordado no Grau seguinte. Tanto Cautopates como Cautes eram assistentes menores do deus Mitra.

Cautopates era associado ao pôr do sol, que nas antigas religiões tinha relação com o inverno, quando a terra secava e por isso era retratado ao lado de uma árvore seca.

O Iniciando era novamente purificado com mel e se encontrava sob a proteção da Lua, representada por um crescente, que estava associado ao mistério e aos segredos.

Durante a Iniciação do Quinto Grau, em algumas regiões, um dos condutores da mesma podia portar um pequeno bastão, que representava autoridade para conduzir a liturgia, da mesma forma que na vida cotidiana os pastores portavam bastões para conduzir os rebanhos e não permitir que estes se dispersassem, ainda mais ao anoitecer quando, nos antigos tempos, era preciso uma condução rápida e eficiente dos pastores para levar o rebanho a um local seguro, antes que a noite caísse.

Muito da simbologia que existia nas Antigas Religiões de Mistérios era oriundo da vida simples do homem comum e de seu contato com a Natureza, pois nos tempos de outrora a Natureza era considerada Sagrada e suas estações, solstícios e equinócios eram repletos de simbologias e significados.

O pastor segurando a Tocha para baixo representava que a morte era evidente, mas se tratava de uma morte simbólica pela qual todo aquele que almejasse à Luz teria de passar.

– <u>Heliodromus (O Emissário Solar) Sexto Grau</u> – associado ao Sol. Símbolos: a Coroa de Sete Raios; o açoite; o globo; o galo; o lagarto; o crocodilo; a palma (folha da palmeira).

No penúltimo Grau de Iniciação aos Mistérios de Mitra surgia um personagem conhecido pelo nome de Cautes, Irmão de Cautopates, abordado no Grau anterior.

Na figura vemos Mitra; o Sacrifício do Touro Sagrado; os Pastores Cautes e Cautopates, com suas tochas, uma abaixada e a outra erguida; e diversos símbolos associados aos Mistérios Mitraicos, como a Coroa de Sete Raios, no canto superior à esquerda e a Lua Crescente, no canto superior à direita. Estão presentes diversos símbolos, que ainda hoje continuam sendo usados em várias Sociedades Secretas, Religiões e Filosofias de Vida, o que só comprova a influência que o Mitraísmo exerceu e continua exercendo em vários Caminhos de Busca Espiritual.

Portando uma Tocha para cima, Cautes representava o Nascer do Sol, que possibilitava o esplendor vindouro do Sol do Meio-Dia, mais associado a Mitra. Era retratado ao lado de uma árvore abundante em frutos, o que representava a metade luminosa do ano, quando a Natureza eclodia em vida.

O Grau representava a Elevação e o Triunfo da Consciência sobre as trevas e sobre a morte.

– *Pater (Pai) Sétimo Grau* – associado a Saturno. Símbolos: o Barrete Frígio; o cajado longo com a ponta curvada; o anel.

O Grau representava a Corte Suprema, associada a Saturno, deus do Tempo e Legislador.

Os que atingiam esse Grau tinham por brado restaurar à humanidade a Antiga Era de Ouro, o que somente seria possível pela regeneração e reparação do gênero humano, que o portador desse Grau tinha de procurar inspirar e conduzir por meio de seus elevados exemplos, cujas bases eram a Moral elevada, a prática da Virtude e uma Sabedoria muito profunda, só superada pelo Amor à humanidade.

*Um típico Mitreus (Mithraeum),
onde antigamente se celebravam os Mistérios de Mitra.*

Detalhe da Coroa de Sete Raios usada por Mitra e utilizada na Iniciação do Sexto Grau dos Mistérios Mitraicos. As Coroas apareciam em diversos Graus do Mitraísmo, com diferentes significados.

Concluindo o presente capítulo, no qual exploramos algumas das Religiões de Mistérios e Sociedades Secretas dos tempos antigos, existe a necessidade de entendermos que fica impossível saber quem somos, bem como orientar nossa Busca, sem saber de onde viemos.

Não existe uma só Sociedade Secreta, Religião ou Filosofia de Vida que não traga em seu contexto algo pertencente às Antigas Religiões e às Escolas de Mistérios do passado. Mas só reparamos nisso quando nos dispomos a estudar profundamente as Tradições com as quais estamos envolvidos.

O ideal seria, antes mesmo que nos tornássemos Adeptos de algum movimento Espiritualista, seja uma Ordem Secreta ou Religião, que procurássemos saber um pouco a respeito dela, até para refletirmos se aquele Caminho tem relação com o que estamos buscando para a nossa Evolução ou não, pois a pior coisa no Caminho de um Verdadeiro Buscador é não saber por que aderiu a uma determinada Senda, muito menos as origens da mesma, com toda a sua rica simbologia, Tradições e costumes.

Buscamos para nos encontrar e não para ficarmos mais perdidos do que já estávamos antes de dar o primeiro passo rumo à nossa Jornada Iniciática. O encontro de nós mesmos e a consciência a respeito de quem verdadeiramente somos (Autoconhecimento), que garante melhor Qualidade de Vida e a tão almejada Felicidade, só é possível quando aprendemos a fazer as perguntas corretas, que são muito mais importantes que respostas dadas a ouvidos não interessados ou prontos para ouvi-las.

E agora, concluídas essas explicações básicas e formais, necessárias para que possamos entender, em verdade, o que deveríamos estar fazendo ou buscando dentro de uma Ordem Secreta, passemos ao conhecimento da História da Ordem De Molay e, logo em seguida, da gloriosa História Oculta dos Pobres Cavaleiros de Cristo e do Templo de Salomão, dos quais, de forma honrosa e inspiradora, descendemos.

Capítulo 2

E Foi Assim que Tudo Começou

Reunir-se é um começo, permanecer juntos é um progresso e trabalhar juntos é um sucesso."

Henry Ford

"Ao escrevermos este breve resumo sobre como a Ordem De Molay começou, é impossível não se atentar para certos detalhes, que quando cruzados com a antiga História dos Pobres Cavaleiros de Cristo e do Templo de Salomão, juntamente com certas datas, simbologias e personagens, sejam eles fictícios ou não, no mínimo temos uma série de boas "coincidências" para avivar nossa imaginação. De antemão, já peço àqueles que não gostam de trabalhar com elementos relativos à Imaginação que ampliem suas mentes e repensem sua maneira de ver a vida, a partir de agora, uma vez que tudo o que conhecemos nesse mundo, tanto os inventos espetaculares de gênios do passado como as coisas que nos deixarão de queixo caído no futuro, veio, ou ainda virá, da Imaginação de alguém, suficientemente ousado para manter seu cérebro e inteligência constantemente ativos e criativos, a ponto de não se tornarem escravos de uma vida cinzenta e desprovida de Imaginação aliada à Vontade: duas forças propulsoras e indispensáveis à Magia.

Nossa História começa em 1919, quando Frank Sherman Land, notável líder em sua comunidade, em sua igreja (*Igreja Congregacional de Fountain Park, em St. Louis*) e Maçom exemplar – já possuidor de muitos títulos e distinções honoríficas Maçônicas, por seus inúmeros trabalhos prestados à Maçonaria e à sociedade –, da cidade de Kansas City, Estados Unidos, recebe um telefonema de seu Irmão, o também Maçom Sam Freet, solicitando que Land recebesse e acolhesse em seu escritório um jovem de 17 anos, órfão de pai e responsável pela manutenção de sua família, após a partida do mesmo.

Tratava-se do jovem Louis Gordon Lower, cujo pai falecido, Elmer E. Lower, fora membro da mesma Loja Maçônica que Frank Sherman Land e Sam Freet, tendo essa Loja o emblemático nome de *Ivanhoé*. E aqui temos o primeiro detalhe interessante em nossa História.

É interessante sabermos que o Nome da Loja de Frank Sherman Land, Pai e criador da Ordem De Molay, era **Ivanhoé**, uma vez que esse é o personagem principal do romance homônimo criado por *Sir Walter Scott* em 1820 e que por exaltar o nacionalismo, o heroísmo inglês e os Valores da Cavalaria Medieval garantiu a esse autor escocês um título de Nobreza.

Uma vez que Lojas Maçônicas não têm seus nomes gerados ao acaso, podemos imaginar o tipo de formação e valores Maçônicos que foram passados a Frank Sherman Land, sendo o mesmo membro de uma Loja Maçônica, justamente com o nome de um Cavaleiro tão emblemático (Ivanhoé) para todos aqueles que gostam dos romances de Cavalaria, bem como apreciam os valores e virtudes que eram praticados pelos Cavaleiros Medievais.

Frank Sherman Land recebeu o jovem Louis Gordon Lower em seu escritório, dando-lhe essa oportunidade de emprego; com o passar do tempo, por meio de conversas, que acabaram selando uma forte amizade, ambos perceberam que tinham histórias muitos semelhantes, ainda que por diferentes motivos, no tocante à ausência de uma figura paterna em suas vidas, a ponto de Louis, após um certo tempo, começar a chamar Land de *Dad Land*. A partir de uma situação de abandono paterno, que Land sofrera ainda muito jovem, e uma situação de passagem do pai para o plano espiritual, que afligira recentemente o jovem Louis G. Lower, sendo ambas as circunstâncias extremamente tristes, cada uma à sua maneira, e que fariam a maior parte dos seres humanos desanimar. Isso até poderia ter acontecido, se não estivéssemos falando de Frank Sherman Land e Louis Gordon Lower.

Em meio à constatação de duas circunstâncias adversas e por meio da sábia visão de Land, ao constatar que praticamente as mesmas aflições, dúvidas e anseios que ele tivera em sua juventude estavam sendo passados agora por Louis G. Lower, ocorreu à mente de Land a ideia de reunir um grupo de jovens, a fim de que eles pudessem conversar, trocar ideias e compartilhar experiências. Em verdade, Land já tinha uma espécie de embrião, ainda sem forma em sua cabeça, no tocante a um projeto nesses moldes para auxiliar os jovens, mas ainda não havia surgido a oportunidade, muito menos a forma de viabilizá-lo, sendo que a mesma estava sendo trazida agora até ele por meio de Lower. Assim, decidiu Land pedir para Louis G. Lower que trouxesse alguns de seus amigos para conversar com ele, sendo que o Templo do Rito Escocês foi o local marcado para o encontro.

O grupo idealizado por Frank S. Land para jovens veio a calhar muito bem, em uma época extremamente propícia, logo após a Primeira Guerra Mundial, na qual muitos jovens haviam perdido seus pais em meio ao conflito e se encontravam carentes de um modelo masculino, uma referência paterna, que pudesse orientá-los e guiá-los nessa fase tão complexa que é a adolescência. Não apenas Frank S. Land, mas também seus Irmãos de Maçonaria estavam realmente dedicados a fazer algo pelos jovens, o que foi acolhido de muito bom grado por Louis G. Lower e seus oito primeiros amigos, contatados por ele para tomar parte da primeira reunião com Land e os Tios Maçons, que até hoje são chamados nos Estados Unidos de "Dad", palavra que traduzida para nosso idioma quer dizer Pai.

Curiosamente, e não por coincidência, o mesmo padrão que havia gerado a Ordem dos Pobres Cavaleiros de Cristo e do Templo de Salomão, na época das Cruzadas, onde Hugues de Paynns, mais oito outros Cavaleiros constituíram o início da mesma, em 1118, estava se repetindo agora, em 1919, com **Louis G. Lower** trazendo oito amigos: **Ivan M. Bentley, Edmund Marshall, Gorman A. McBride, Jerome Jacobson, William Steinhilber, Elmer Dorsey, Clyde C. Steram e Ralph Sewell** para dar início ao embrião do que viria a ser a Ordem De Molay.

Após o primeiro encontro entre Land e os Maçons reunidos com Louis G. Lower e seus oito jovens amigos ter sido um sucesso, no tocante à geração de um grupo para jovens, o passo seguinte era encontrar um nome para o grupo. Diversas figuras históricas, reais ou lendárias, foram propostas para os rapazes, que, mesmo demonstrando respeito pelos ícones históricos apresentados, não estavam conseguindo encontrar um que lhes falasse mais ao coração e pudesse inspirar profundamente suas almas. Esse estado de coisas permaneceu, até que foi apresentado aos jovens o nome de Jacques De Molay, último Grão-Mestre do Primeiro Ciclo de atividades da Ordem do Templo, que se estendeu de 1111, data da fundação extra-oficial da Ordem, até 1314, quando se deu o ocaso dos Templários, por meio da execução de Jacques De Molay nas chamas da fogueira alimentadas por um processo Inquisitorial fraudulento, forjado descarada e injustamente contra Os Pobres Cavaleiros de Cristo e do Templo de Salomão, em um funesto espetáculo de fanatismo e intolerância orquestrado pelo rei da França, Felipe IV, conhecido como *Felipe, o Belo*, e o Papa Clemente V, totalmente manipulado pelo rei e subserviente aos seus caprichos, mandos e desmandos.

Se mesmo hoje em dia, quase cem anos após a História de Jacques De Molay ter sido contada pela primeira vez a Louis G. Lower e seus oitos amigos, a mesma continua emocionando todos que a ouvem, podemos imaginar o impacto que essa narrativa de bravura, lealdade e coragem deve ter tido para esses jovens, em 1919. É por isso que costumo perguntar, independentemente da época em que você esteja vivendo, se certas coisas não lhe emocionam, não lhe instigam a curiosidade, de que adianta se envolver com elas?

Além da respeitável História de Jacques De Molay, quando ampliamos nossa visão de Ordem De Molay e procuramos conhecer profundamente a História dos Templários, sem os quais haveria um grande vazio, impossível de ser preenchido, no tocante aos temas relativos à Idade Média, uma vez que esses Cavaleiros revolucionaram vários aspectos de toda a cultura Europeia, passamos a entender O QUE e QUEM deveríamos estar representando hoje, ao nos colocarmos abaixo da Sagrada Capa De Molay.

Para que possamos nos transformar em melhores seres humanos e vivenciar a Ordem De Molay em sua Plenitude Essencial, faz-se necessário que entendamos aqueles que nos antecederam, desde os primórdios da Ordem do Templo até o presente momento de sua História, uma vez que seria uma total ingenuidade e desconhecimento pleno da Tradição Esotérica Ocidental achar que os Templários tiveram seu fim em 1314.

Adotado o nome de De Molay para o novo grupo de jovens que estava surgindo, o mesmo passou a se chamar e ser conhecido por esse nome, a partir de 24 de março de 1919. Depois a data oficial foi alterada para 18 de março de 1919, a fim de que a fundação do grupo pudesse coincidir com a mesma data em que Jacques De Molay havia sido executado na fogueira, em Paris, 1314, às margens do Rio Sena, em um local conhecido na época como *"Ilha dos Judeus"*. A alteração da fundação de 24 de março para 19 de março foi uma atitude muito sábia e emblemática, uma vez que a Fênix sempre foi uma ave sagrada em meio aos Templários, cujo Espírito é Imortal e não pode ser erradicado da face da Terra, sendo o adotar da nova data para a fundação da Ordem De Molay uma espécie de alusão, não à morte, mas sim ao triunfo de Jacques De Molay sobre as chamas da Inquisição, bem como seu Renascimento simbólico das cinzas, agora por meio dessa nova organização dirigida aos jovens.

É indispensável citarmos aqui o trabalho do Maçom Frank A. Marshall na concepção do Ritual da Ordem De Molay escrito e idealizado por esse Irmão, a pedido do próprio Frank S. Land, e que fez com que o grupo de jovens, já extremamente ativo em diversas atividades sociais, ganhasse através desse Ritual, utilizado até os dias atuais, uma Alma Iluminada, por meio de Cerimônias extremamente profundas e tocantes praticadas em fórum íntimo e secreto, nos diversos Capítulos da Ordem De Molay espalhados pelo mundo, também contando o Ritual com cerimônias públicas belíssimas e inspiradoras, que visam esclarecer um pouco e estimular tanto os pais quanto os jovens que ainda não são De Molays, mas um dia pretendem ingressar à Ordem, a respeito do que a mesma se trata, bem como seus usos, costumes, Virtudes e Tradições.

Após sua fundação, foi espantosa a expansão da Ordem De Molay, que hoje em dia pode ser vista não apenas no Estados Unidos, mas em países de grande extensão territorial, como o Brasil e até em pequenas ilhas como Aruba, que contam com a Ordem na qual muitos jovens acabam ingressando anualmente, dando continuidade à Visão Iluminada de Frank S. Land, bem como aos esforços de Louis G. Lower e seus emblemáticos oito amigos, que continuam se eternizando por meio de milhares de jovens espalhados pelo mundo, que dignamente procuram seguir os passos de Jacques De Molay e os exemplos do *Dad* Land.

Se fôssemos falar a respeito de toda a gloriosa existência de Frank S. Land, tanto a respeito de sua vida profana como a respeito de sua vida como Iniciado na Maçonaria, sendo o mesmo considerado o Grande Pai da Ordem De Molay, creio que seria necessário um livro inteiro para fazê-lo, pois são tantas passagens iluminadas e inspiradoras que esse exemplo de Ser Humano e Maçom proporcionou à humanidade que é impossível descrever todos os eventos e fatos marcantes da vida de Land nessa humilde introdução sobre a mesma. No entanto, é fundamental que os Sobrinhos De Molays procurem se aprofundar ao máximo a respeito dos dados da vida do criador de sua Ordem, uma vez que quando honramos os criadores das Tradições e Ordens Iniciáticas, também estamos praticando não apenas o respeito por toda uma História, mas também uma das formas mais íntimas de comunhão com a Essência e a Egrégora da Ordem, cujas primeiras portas se abrem por meio do estudo aprofundado a respeito de nossas origens e dos responsáveis por elas.

A senda Maçônica de Land, iniciada quando ele tinha 21 anos de idade, a pedido de sua avó, cujo marido havia sido Maçom e desejando ela que Land trilhasse os mesmos caminhos inspiradores de seu avô, em meio à Maçonaria, fez com que o jovem buscasse sua Iniciação Maçônica na Loja Ivanhoé, 446, Kansas City, MO.

No dia 25 de Abril de 1912, Frank S. Land foi Iniciado como Aprendiz Maçom galgando tanto os Graus do Rito Escocês Antigo e Aceito quando, posteriormente, os Graus do Rito de York, com extrema rapidez, graças à sua enorme dedicação à Ordem, tendo sido Elevado ao Grau de Companheiro em 17 de junho, e alguns dias depois já tinha autorização para ser Exaltado ao Grau de Mestre Maçom, cerimônia ocorrida no dia 29 do mesmo mês. Além de Maçom, Frank S. Land também pertenceu à *Ancient Arabic Order of the Nobles of the Mystic Shrine*, tendo sido membro do *Ararat Shrine Temple*, também localizado em Kansas City. Em meio aos *Shriners*, extremamente dedicados à Filantropia e a diversos tipos de campanhas, que visam mitigar o sofrimento do gênero humano, Land expandiu ainda mais suas naturais e notáveis habilidades de auxiliar o próximo, a divulgação da Ordem De Molay e o fortalecimento dos alicerces da Maçonaria.

A gloriosa vida e os exemplos de Frank Sherman de Land, que se perpetuarão eternamente na Terra – enquanto existir um membro da Ordem De Molay praticando as Sete Virtudes Cardeais e vivendo de acordo com os Usos, Moral, Tradição e Costumes da Ordem –, se encerraram em 8 de novembro de 1959, um domingo, após cinco dias de internação posteriores à detecção de um edema pulmonar sendo o mesmo um entre vários problemas de saúde que Land vinha apresentando nos últimos meses do corrente ano.

A passagem de Frank Sherman Land para o Oriente Eterno pegou tragicamente o mundo de surpresa, uma vez que a Ordem De Molay já havia se expandido para outros países. Seu enterro no cemitério Monte Moriah, em Kansas City, foi acompanhado por milhares de homens, mulheres e principalmente jovens, os quais a vida e a obra de Land haviam inspirado e tocado profundamente.

Mesmo não tendo filhos junto à sua eterna amada, esposa e companheira, Nell Madeline Swiezewski, Frank Sherman Land, ao conhecer o jovem Louis G. Lower e ter se afeiçoado pelo mesmo desde o primeiro encontro, considerou-o como o filho que ele não tivera. Acredito que naquela época Land foi incapaz de imaginar quantos milhões de jovens, após Lower e os primeiros De Molays, o continuariam considerando, até os dias atuais, como Pai, por ter sido o idealizador de uma Ordem que dá aos jovens as melhores oportunidades de desenvolvimento e progresso, que todos os pais almejam para seus filhos.

Hoje, os "Filhos/Sobrinhos" de *Dad* Land podem ser encontrados em vários países do mundo, constituindo uma Família, que foi forjada muito tempo atrás pelo encontro de um Maçom visionário com um Jovem promissor desejoso de aproveitar uma oportunidade de trabalho que lhe estava sendo oferecida, sem saberem os dois que ali se iniciava a Grande Cruzada de suas Vidas, destinada a imortalizá-los em meio ao advento da Ordem De Molay, uma Ordem capaz de conceder ao jovem as mais significativas experiências e oportunidades de sua existência, caso o mesmo abra seu coração e perceba, como Louis G. Lower o fez, a incrível oportunidade que está sendo oferecida a todo aquele que, uma vez convidado, tome a resolução de ingressar na Ordem de Molay.

Concluindo, como uma última curiosidade, que os céticos e poucos estudiosos tomarão por "coincidência", e os afeitos aos estudos e à Tradição tomarão por uma significativa "sincronicidade", é interessante refletirmos um pouco mais sobre o nome do Cemitério no qual Frank Sherman Land descansa: *Mount Moriah Cemetery*.

De acordo com a Tradição presente na Ordem dos Pobres Cavaleiros de Cristo e do Templo de Salomão, ainda que Hugo de Paynns e seus primeiros oito Cavaleiros tivessem chegado à Terra Santa na época do Rei Balduíno I, nos idos de 1111, foi apenas em 1118, quando Balduíno I já havia falecido, sete anos após a chegada dos primeiros Templários, que os mesmos se apresentaram, agora oficialmente, para o Rei Balduíno II e para o Patriarca de Jerusalém, quando começou a fase visível da História da Ordem do Templo, tendo sido cumpridos seus primeiros objetivos secretos em Jerusalém, de 1111 a 1118.

Antes de se apresentarem para o Rei de Jerusalém e para o Patriarca, consta que Hugo de Paynns se reuniu a sós com seus oito primeiros Irmãos de Ordem, no topo de uma elevada montanha que ficava ao Sul de Jerusalém, conhecida como Monte Moriah.

De acordo com a Tradição, foi em meio a esse encontro secreto entre Nove Cavaleiros que foram delineadas as novas diretrizes da Ordem, uma vez que a mesma iria sair das sombras após sete anos de atividades secretas, em plena Jerusalém, com a aquiescência do próprio Rei, e se desvelar ao mundo. Terminado o encontro, os Nove Cavaleiros partiram para o encontro com o Rei e o Patriarca, sendo recebidos de forma diferenciada e com tratamentos que às vezes não eram dispensados nem aos nobres vindos da Europa, quanto mais a um grupo de Nove homens, que falavam em tomar os votos da Via Cavaleiresca e se comportarem a partir de agora como Monges Guerreiros na defesa das rotas e caminhos que conduziam à Terra Santa. Não apenas foram recebidos com todas as honras, entusiasmo e admiração, como também tiveram todas suas requisições feitas ao Rei de Jerusalém atendidas, inclusive com a concessão das ruínas do Templo de Salomão aos Templários, a partir daquele momento.

Da mesma forma que em 1118 o Monte Moriah marcou o surgimento oficial da Ordem do Templo para o mundo, em 1959, um cemitério homônimo à montanha, nos Estados Unidos, recebia Frank Sherman Land para seu merecido descanso.

É interessante pensarmos que no Monte Moriah começou a História da Ordem do Templo e que no Cemitério Monte Moriah, séculos depois, se deu o ocaso da vida de um homem que dedicou cada respiração à criação e à Causa da Ordem De Molay, tendo sido o responsável, por que não dizer, pelo nascimento de uma das mais expressivas formas de Ressurgência Templária existentes hoje em dia, totalmente idealizada para uma nova época, mas sem se afastar dos mesmos Valores que inspiraram os Templários originais, uma vez que desde sempre e *Ad Aeternum*, a Via do Cavaleiro, é a Via da Virtude.

Jacques De Molay (na Ordem, o sobrenome De Molay não se escreve separado ficando, assim: DeMolay).

Frank Sherman Land.

Louis Gordon Lower.

Frank Arthur Marshall.

Capítulo 3

Templários – Fragmentos de uma História Desconhecida

Quando abordamos a História relativa a certos movimentos que são constituídos – além de uma estrutura administrativa e institucional, que pode muito bem ser definida apenas por datas, certos nomes de pessoas e localidades – também por informações disponíveis somente aos Iniciados nos mesmos, precisamos ampliar nossa visão, caso queiramos compreender uma História que ainda está sendo escrita, estando ela muito além dos fatores geográficos, temporais e espaciais, que são utilizados pelos historiadores para estabelecer uma suposta História "Oficial", que em matéria de Sociedades e Ordens Secretas está muito distante da verdadeira História que envolve esses movimentos, bem como os vultos históricos existentes neles.

A História Oculta por trás das Sociedades Secretas não disputa com a suposta História "Oficial", no tocante a quem tem, ou não, a razão relativa a certos fatos. A História Oculta complementa a História Oficial, mas para compreendê-la e até mesmo poder comentá-la, uma condição sine qua non *precisa ser preenchida: Ser Iniciado nos mais Altos Mistérios.*

Alexandre Garzeri

Falar sobre os Cavaleiros Templários é falar sobre o Cavaleiro Perfeito.

Estamos falando de homens que estavam muito à frente de seu tempo, embora possuíssem em seus ritos e doutrinas práticas milenares extraídas das antigas Escolas de Mistérios do Oriente.

Falamos de uma elite de seres humanos que buscava e busca até hoje a verdadeira Verdade; uma verdade livre de dogmas e estúpidos preconceitos pelos quais as religiões dominantes vêm mantendo grande parte da humanidade debaixo de suas botas durante todos esses séculos; verdade pela qual muitos Templários deram suas vidas para que a mesma pudesse chegar até nossos dias atuais.

Os Templários, ou Pobres Cavaleiros de Cristo e do Templo de Salomão, como eram conhecidos no início de sua criação, tiveram origem no ano de 1111, ou 1112 d.C., ao contrário do que diz a maioria dos historiadores que se baseiam em Guillaume de Tyre, que insiste erroneamente em dizer que os Templários nasceram no ano de 1118.

Segundo o que nos conta a História "oficial", os Templários se iniciaram com apenas nove Cavaleiros comandados por Hugues de Payen, que tinham por missão proteger os caminhos que levavam à Terra Santa (*algo estranho, pois como poderiam apenas nove cavaleiros cobrir todos os caminhos e rotas que levavam à Terra Santa e ainda lutar nas Cruzadas?*), onde os cristãos sofriam constantes ataques por parte de muçulmanos e sarracenos, considerados bárbaros e infiéis pela Igreja Católica.

Um dia, nos idos de 1118, sem ter sido chamado, Hugues de Payen surgiu do nada em Jerusalém e se apresentou ao rei Balduíno II, que juntamente com o Patriarca de Jerusalém o recebeu e aos demais oito Cavaleiros com todas as honrarias e cortesias (*algo realmente estranho, porque quando da chegada dos Templários na Terra Santa, a mesma já fervilhava de centenas de outros Cavaleiros, entre eles alguns nobres, aos quais jamais havia sido dispensado qualquer tipo de homenagem ou honrarias*).

O rei Balduíno II imediatamente tratou de instalar os Cavaleiros confortavelmente em seu próprio palácio (*algo realmente muito estranho, uma vez que os Cavaleiros, para serem admitidos na Ordem Templária, tinham de fazer voto de pobreza e abdicar de qualquer tipo de luxo*), cedendo para eles uma área debaixo da qual se situava nada mais, nada menos que as fundações do Templo de Salomão, onde os Templários erigiram seu quartel-general, estando explicado o porquê do nome Templários.

Com o passar dos tempos, os Templários conquistam o devido respeito na Terra Santa e começam, por causa de sua valentia e ousadia em combate, a ser aclamados como os mais Perfeitos Cavaleiros em toda a Europa. A disciplina na Ordem é rigorosíssima e ela possui uma das mais bem definidas hierarquias militares e Iniciáticas da época – *Iniciáticas* porque os Templários, ao que parece, teriam gostado muito do contato com os "infiéis" e aprendido com seus inimigos ("inimigos" de fachada...) judeus, muçulmanos e sarracenos, segredos relativos ao Templo de Salomão (tanto arquitetônicos como Iniciáticos), a Kaballah, a Alquimia, a utilização de ervas medicinais (os ataques epiléticos, considerados na época como um sinal de possessão demoníaca, eram "milagrocientificamente" curados pelos Templários com os conhecimentos medicinais que eles possuíam) e o mais importante: a verdadeira História de Cristo e do Santo Graal, a Taça Sagrada da qual os Templários até hoje são os Reais Guardiões.

Fala-se que a badalação em torno dos Templários era tanta que, quando a maioria dos nove Cavaleiros que haviam dado início a tudo retornou à Europa, no ano de 1127, foram recebidos com uma fervorosa acolhida orquestrada por São Bernardo, abade de Clairvaux e principal porta-voz de toda a cristandade. São Bernardo escreveu um panfleto intitulado *"Elogio à nova Cavalaria"*, no qual declarava os Templários como sendo a epítome e apoteose dos valores cristãos. Depois de todo esse alarde, não era de se estranhar o fato de todas as autoridades eclesiásticas se referirem aos Templários com louvor e até mesmo os mais poderosos reis curvarem suas cabeças perante a Ordem, que ficava cada vez mais rica em virtude do alto número de nobres e filhos da nobreza, que acorriam às suas fileiras vindos de todas as partes da Europa.

São Bernardo de Clairvaux (*Claraval*, em português) foi um nome de grande importância para a Ordem do Templo, uma vez que redigiu uma Nova Regra para os Templários, que em um primeiro momento se utilizavam da Regra de Santo Agostinho, também usada pelos canonistas do Santo Sepulcro, em Jerusalém.

No ano de 1128, por ocasião do Concílio de Troyes, Bernardo de Clairvaux apresentou a Nova Regra da Ordem do Templo, adaptada da Regra da Ordem de Cister (*Ordo Cisterciensis*), da qual o próprio São Bernardo era membro e um dos homens mais influentes entre os

Cistercienses. De acordo com sua Regra, os Templários deveriam observar os votos monásticos de pobreza, castidade e obediência, bem como devotar-se – com o comprometimento de suas vidas – à defesa e custódia da Terra Santa.

Conta-se que quando Hugues de Payen visitou a inglaterra no final de 1128 foi acolhido com "grande adoração" pelo rei Henrique I. Hugues de Payen teria doado todos os seus bens à Ordem e todos os novos recrutas, alguns filhos da mais alta nobreza europeia, faziam a mesma coisa quando de sua entrada para a Ordem. Esse fato também auxilia a explicar como os Templários obtiveram tanto poder em nível financeiro.

Castelos, fortalezas e casas Templárias se espalhavam por todo o continente europeu, fazendo da Ordem dos Pobres Cavaleiros de Cristo (se é que realmente algum dia os Templários foram pobres...) a mais poderosa Ordem Monástica de toda a Europa. Ela controlava até mesmo o dinheiro dos reis que, muitas vezes, preferiam guardar seus valiosos bens em mãos Templárias, pois sabiam que ninguém ousaria roubar a Ordem.

O poder dos Templários chegava a tal grau que eles eram muitas vezes os mediadores de batalhas internas entre reis europeus e senhores feudais, muitas vezes fazendo o curso das batalhas se alterar drasticamente apenas mandando informar que iriam apoiar este ou aquele feudo juntamente com seu senhor.

Podemos ter uma ideia sobre o poder dos Templários até mesmo sobre alguns reis, no texto a seguir extraído do magnífico e excepcional livro *O Santo Graal e a Linhagem Sagrada*, escrito pelos brilhantes Michael Baigent, Richard Leigh e Henry Lincoln:

"Os Templários agiam como árbitros oficiais de disputas em quase todos os níveis políticos. Até os reis se submetiam à sua autoridade. Certa vez Henrique III, da Inglaterra, ousou desafiá-los em 1252 ameaçando confiscar alguns de seus domínios, dirigindo-se aos Templários ingleses com as seguintes palavras: '*Vocês, Templários (...) têm tanta liberdade e tantas concessões que suas enormes posses fazem com que esnobem com orgulho e insolência. Aquilo que foi imprudentemente dado deve, portanto, ser prudentemente retomado; e aquilo que foi desconsideradamente oferecido deve ser consideradamente recuperado*'.

O Mestre da Ordem do Templo, na Inglaterra, replicou: '*Que dizeis vós, ó Rei! Longe esteja vossa boca de pronunciar tão desagradáveis e tolas palavras. Enquanto exercerdes justiça, reinareis. Mas se vós lá infringíeis, cessareis de reinar*'.

Uma mentalidade moderna dificilmente pode conceber a enormidade e a audácia dessa afirmação. O Mestre do Templo estava implicitamente reclamando para sua Ordem e para si um poder que nem mesmo o papa ousaria reclamar explicitamente: o poder de coroar e depor monarcas."

Como não houve uma resposta por parte de Henrique III, isso só serve para nos mostrar o tipo de poder e influência que os Templários tinham na época.

Tudo ia muito bem até que em nossa história surgem dois personagens que sem dúvida estão entre os maiores canalhas e crápulas que a História já conheceu. São eles: Felipe, o Belo, rei da França (1306), e o papa Clemente V, que era seu marionete. Esses dois senhores tramaram um sórdido plano para fazer com que os Templários caíssem em desgraça e fossem extintos de uma vez por todas da face da Terra.

Agora o leitor deve estar se perguntando: se eram os Templários tão bons, tendo colaborado para um real desenvolvimento do continente europeu, a ponto de alguns historiadores dizerem que se não fosse a Ordem Templária e alguns outros grupos Iniciáticos na Europa, sua história seria um tanto quanto vazia, por que alguém, ou algumas forças, queriam ver os Templários extintos de uma vez por todas? Por que esses homens que tanto bem fizeram para tantas pessoas incomodavam tanto, a ponto de Felipe, o Belo querer exterminá-los? A resposta se encontra retornando um pouco na História.

Dizem que o ódio de Felipe pelos Templários começou quando, tentando entrar para a Ordem, o rei teria sido desdenhosamente rejeitado, por não possuir as "condições morais" necessárias para sequer pisar na frente de um Cavaleiro Templário, quanto mais para se juntar ao mesmo. Não bastasse isso, um outro episódio muito interessante ocorreu entre o rei francês e os Cavaleiros da famosa cruz vermelha de quatro braços iguais, emblema este adotado pelos Templários em 1146.

Conta-se que Felipe, o Belo, para fugir de uma rebelião em Paris, por causa de suas inúmeras falcatruas à frente do trono francês, teria pedido asilo aos Templários, no que foi imediatamente auxiliado, tendo a seu lado espadas Templárias para sua defesa. Na ocasião, consta que um Mestre Templário, juntamente com alguns Cavaleiros, teve de se colocar entre Felipe e o povo que queria a cabeça do monarca, fazendo a massa entender que deveria dar uma segunda chance ao seu rei.

Nessa época que Felipe esteve entre os Cavaleiros, pôde constatar com seus próprios olhos a riqueza e opulência que circulavam dentro da Ordem e, em vez de ser agradecido àqueles que haviam lhe prestado auxílio, começou a voltar seu olhar em direção a essas riquezas, pensando em como poderia se apropriar delas o quanto antes.

Dizem também que Felipe não tinha nenhum tipo de controle sobre a Ordem e temia constantemente que ela lhe tomasse o poder, que cá para nós seria usado de maneira bem mais justa e benéfica para o povo francês se estivesse nas mãos dos Cavaleiros desde o início.

Juntando todos esses dados anteriores, se Felipe quisesse acabar com os Templários, teria de contar com o apoio da Igreja e da cristandade para conseguir isso, e foi justamente o que ele tratou de obter junto a seus ministros, principalmente Guilherme de Nogaret, que, unido a alguns membros da família Colonna e nobres italianos descontentes com o Papado, tramaram a invasão, cárcere privado e chantagens junto ao papa Bonifácio VIII e a morte por envenenamento de outro papa, Benedito XI. Com isso Felipe, o ilustre rei assassino da França, conseguiu que em 1305 o arcebispo de Bordeaux, seu candidato ao trono papal vago, fosse eleito. Após ter sido eleito, o também ilustre arcebispo de Bordeaux, Raymond Bertrand de Got, tão canalha quanto Felipe, assumiu o nome de Clemente V, e junto ao rei francês começou uma campanha contra os Templários, que até então tinham sido extremamente fiéis à Igreja quando esta precisou deles.

Essa campanha fez com que muitos Cavaleiros perdessem suas vidas e muitos fossem torturados por tribunais inquisitoriais diabolicamente formados para acusar os Templários de inúmeras práticas sórdidas, tendo como alguns exemplos: o homossexualismo entre seus membros; o pacto diabólico e o renegar de Cristo e da Cruz. Evidentemente os Templários jamais fizeram, ou fazem, coisas desse tipo, tendo esses tribunais sido maquiavelicamente orquestrados por Felipe, o Belo, por Clemente V e outras ordens monásticas invejosas (principalmente os Cavaleiros Teutônicos), que queriam realmente exterminar os Templários para dividir entre si suas riquezas e propriedades.

Existem coisas muito interessantes e misteriosas sobre a perseguição aos Templários.

Parece que os Cavaleiros já sabiam o que iria acontecer com eles, ninguém sabe como nem por quê, e as especulações vão desde a elevada espiritualidade que esses homens possuíam e que pode ter lhes servido através de avisos intuitivos, até mesmo as teorias que dizem que eles teriam sido avisados por gente da própria casa de Felipe, o Belo, que, percebendo as injustiças que estavam sendo feitas contra os Cavaleiros, resolveu alertá-los.

Estranhamente, na madrugada de 13 de Outubro de 1307, quando se deu a ordem de que todos os Templários em solo francês deveriam ser presos e seus bens confiscados, nenhum Templário, quando os homens do rei chegaram para prendê-los, se opôs à prisão, como se tivesse previamente sido orientado para agir dessa maneira. Mais estranho ainda é que parece ter havido uma audaciosa fuga Templária, no que diz respeito aos seus inúmeros tesouros, entre eles o Santo Graal, uma vez que quando os homens de Felipe começaram a abrir os cofres das casas Templárias francesas encontraram os mesmos completamente vazios. Segundo obscuras teorias, obtidas de fontes ainda mais obscuras, a Ordem Templária possuía uma base naval em La Rochelle onde 18 galeras estariam aguardando pelos tesouros que se encontravam na França. Após terem sido embarcados os tesouros nas galeras, elas desapareceram completamente sem deixar vestígios, tornando impossível qualquer tentativa de recuperação dos bens Templários por parte de Felipe, o Belo. Juntamente com os tesouros teriam sido embarcados nas galeras todos os documentos relativos à Ordem, bem como seus rituais, práticas esotéricas e revelações surpreendentes, que pouco a pouco estão surgindo para sacudir nossas frágeis crenças. Afinal de contas, já era hora.

O rei Felipe, não contente com a ilegal posse que tomou pelo menos das propriedades Templárias, continuou maquinando a extinção total da Ordem na França. É claro que o rei francês também tentou extinguir a Ordem além de seu território, instigando outros monarcas europeus a serem tão cruéis e rigorosos quanto ele o tinha sido contra os Templários de seu país. Como já era de se esperar, Felipe viu seus planos frustrados, pois os outros reis, em vez de condenarem os Cavaleiros do Templo, passaram a acolhê-los e protegê-los contra o vil tirano. Os Templários foram protegidos por Eduardo II, da Inglaterra; purificados em Portugal, apenas mudando o nome da Ordem, para *Ordem dos Cavaleiros de Cristo*, que teve como membros Vasco da Gama, o infante Henrique, o Navegador, e Cristóvão Colombo (procure reparar na forma e na cor da cruz das inúmeras caravelas que circulavam no século XVI); na Escócia jamais foram dissolvidos (*e alguns desses Templários podem até mesmo ter colaborado, inspiracionalmente no futuro, com a criação de algumas práticas que existem até hoje dentro do Rito Escocês Antigo e Aceito da Maçonaria, uma vez que o idealizador dos Altos Graus Filosóficos desse Rito, o Cavaleiro escocês Andrew Ramsay, estava fortemente ligado ao Clã Stuart, que recebeu e protegeu os Templários, quando de sua fuga para a Escócia, na época da perseguição*) e lutaram ao lado do rei Robert de Bruce na batalha de Bannockburn contra os ingleses, pela independência do país; na Espanha resistiram contra seus perseguidores e encontraram refúgio em outras Ordens, a exemplo da acolhida que receberam na Ordem da Calatrava; na Alemanha desafiaram abertamente aqueles que os acusavam ameaçando pegar em armas, o que fez com que os juízes os declarassem inocentes.

Felipe, o Belo, tanto fez que em 1312 conseguiu que seu pau-mandado, o papa Clemente V, dissolvesse a Ordem do Templo, que a essa altura, como já foi citado, tinha encontrado refúgio em outros países e dentro de outras Ordens como os Hospitalários, a Ordem do Santo Sepulcro, a Ordem de Santiago de Compostela, a Ordem de Calatrava, etc. Não cansado das inúmeras atrocidades que tinha cometido contra os Cavaleiros da Cruz vermelha de quatro braços iguais, Felipe resolveu cometer um último ato de desatino inconsciente que acabaria culminando com sua própria morte.

No dia 18 de março, de 1314, Felipe, o Belo, e Clemente V propiciaram à humanidade o assassinato de dois dos mais notáveis homens que já pisaram na face da Terra, o último Grão-Mestre Templário do Primeiro ciclo de atividades da Ordem do Templo 1111/1314, Jacques de Molay e seu leal companheiro Geoffrey de Charnay, Grão-Mestre Templário provincial da Normandia, que junto a De Molay declarou serem falsas e diabolicamente arquitetadas todas as acusações feitas contra a Ordem.

Uma pira foi erigida na ilha de Senna, que se situava entre os jardins do palácio real e a Igreja de Santo Agostinho, e nela foram lentamente queimados Jacques de Molay e Geoffrey de Charnay. Segundo nos conta a tradição, antes de morrer consumido pelo fogo Jacques de Molay teria lançado uma terrível maldição sobre seus carrascos, mais ou menos com estas palavras:

"Vou morrer e Deus sabe que injustamente. Logo cairão em desgraça os que nos condenam sem justiça. Deus vingará nossa morte, morro com essa convicção. Senhor, rogo que dirijais vosso olhar a Nossa Senhora para que ela nos acolha... Clemente V, papa, eu o condeno a comparecer perante o Tribunal de Deus em 40 dias. E você, rei Felipe, antes de completar um ano!".

Como podemos constatar pela história, no dia 20 de abril de 1314 o papa Clemente V morreu com uma infecção intestinal, o que nos dá exatamente um prazo de 33 dias, como havia falado Jacques de Molay em sua maldição. O rei Felipe, o Belo, sofreu no dia 4 de novembro, quando passeava a cavalo, um ataque de apoplexia, morrendo paralítico 25 dias depois, também próximo ao prazo que De Molay havia determinado (nove meses após a maldição, que tinha estabelecido que Felipe morreria em menos de um ano). Dizem que não foram apenas o rei da França e o papa que tiveram um final de vida trágico. Várias pessoas que haviam forjado pistas falsas contra os Templários, que culminaram com sua condenação e perseguição, tiveram fins infelizes. Algumas foram assassinadas, outras enforcadas e o rei Luís XVI, último rei da dinastia dos Capetos, à qual pertencia Felipe, o Belo, foi levado à guilhotina, sendo decapitado no dia 21 de janeiro de 1793. Segundo testemunhas, na decapitação de Luís XVI, um fato no mínimo curioso ocorreu. Após a decapitação, um espectador desconhecido subiu ao cadafalso e, tendo molhado seus dedos no sangue do monarca morto, aspergiu-o sobre o povo e gritou:

"Eu te batizo, povo, em nome da liberdade de Jacques de Molay!". Após isso, dizem as testemunhas que um coro respondeu: *"Jacques de Molay está vingado!"*.

Felipe e Clemente V acreditaram que por meio da perseguição, das mentiras e das acusações que foram lançadas contra a Ordem Templária, esta se extinguiria. Estavam completamente enganados, pois como a verdade sempre prevalece, de vilões que o rei francês quis tornar os Templários, eles se converteram em mártires, heróis, Cavaleiros Perfeitos e homens justos e bons que hoje em dia, uma vez que a Ordem jamais foi extinta, inspiram pelos seus exemplos vários grupos ocultistas que empregam suas práticas esotéricas.

Enigmas, magia, lendas, castelos, bandeiras, o mistério do Santo Graal, coragem, tesouros inimagináveis e segredos que poderiam, se viessem à tona, abalar totalmente a Cristandade, constituem a história dos Templários – invejados por muitos, temidos por todos e admirados por aqueles que buscam verdadeiramente a Espiritualidade e a Gnosis.

Tradicional Beauceant Templário, nas emblemáticas cores preta e branca, ornado pelo famosa Cruz Pattée, adotada em 1146 pela Ordem do Pobres Cavaleiros de Cristo e do Templo de Salomão.

Capítulo 4

História Oculta dos Cavaleiros Templários

(Templarismo Francês Primitivo)

Parte I

As Influências Ocultas por trás da Constituição da Ordem do Templo

É uma grande honra ter recebido o convite da revista *Universo Maçônico* e o incentivo de meu Estimado Irmão Fernando Cavalcante Gomes para escrever algumas breves palavras sobre o lado Oculto da História da **Ordem dos Pobres Cavaleiros de Cristo e do Templo de Salomão**. Evidentemente, o que faremos será apenas uma breve introdução sobre os Movimentos Tradicionais em torno da Ordem do Templo e que influenciaram enfaticamente na constituição da mesma, deixando o desenvolvimento da História da Ordem para edições posteriores, uma vez que a História Oculta dos Templários, longa e por demais complexa, continua sendo escrita ainda nos dias atuais.

Inicialmente gostaria de salientar, de forma bem clara, a diferença entre História Oficial e História Oculta, e essa explicação vale não somente para os Templários, mas também para qualquer movimento Esotérico Tradicional e até mesmo para a História Universal da Humanidade.

Com todo respeito que temos pelos historiadores acadêmicos, ainda que muitos dos dados coletados por eles sirvam de base para pesquisas e estudos sérios, nem sempre a História Oficial e seus representantes estão de posse de todos os dados no tocante ao que realmente aconteceu, muito menos estão de posse do que poderíamos chamar de "*A Verdadeira Verdade*", que se oculta por trás daquilo que é convencionalmente aceito como fato histórico.

Se já é difícil falar a respeito da História Universal da Humanidade, imaginem a dificuldade de se falar a respeito da História das Ordens Secretas, sendo os Templários uma das mais proeminentes Ordens do Ocidente, uma vez que as Ordens Herméticas e Esotéricas mais Tradicionais mantêm um sistema de Tradição Oral que pode se estender por muitos milênios, sendo seus ensinamentos, usos e costumes passados de boca a ouvido e de Iniciador a Iniciado. Esse fato já coloca os historiadores acadêmicos em uma certa desvantagem, pois como eles poderiam estar de posse de todas as informações relativas a uma Ordem específica, uma vez que muitos não são Iniciados na mesma? Partindo do ponto de que o acesso a certas informações é legado somente a Iniciados dentro de uma Ordem Secreta, é óbvio que se o historiador não teve acesso à Iniciação, não teria acesso a certos dados cruciais concernentes à História completa de determinada Ordem, e isso já pode gerar grandes equívocos, principalmente no tocante aos objetivos, rituais, cerimônias e passagem da Tradição pura no que diz respeito a uma Gnose, uma Sabedoria, que nem mesmo os de menor Grau dentro da Ordem têm acesso, muito menos os que estão do lado de fora dela.

Além do que foi comentado no parágrafo anterior, sabemos que muitas vezes a "História Oficial" pode e realmente é escrita visando defender certos interesses de grupos específicos, que por diversos fatores conseguiram se manter, ou manter o Poder por meio de certas manobras, nem sempre lícitas, sendo que esses grupos – alguns deles religiosos, outros laicos – chegam a reescrever, muitas vezes literal e radicalmente, certos trechos da História, de acordo com suas conveniências, sendo vetadas e até mesmo destruídas partes inteiras da História real e autêntica, a respeito do que realmente aconteceu.

O fato de as Ordens Secretas mais respeitáveis do mundo preferirem um sistema de Tradição Oral se deve a esse instinto de proteção e preservação de certas informações que poderiam ser facilmente destruídas, ou manipuladas, até mesmo contra a própria Ordem, caso tudo estivesse registrado, gravado ou traçado, independentemente dos meios utilizados para se armazenar certos registros. É possível perseguir, denegrir a imagem e até mesmo matar os, por assim dizer, *"Portadores da Tradição"*, mas fica muito mais difícil exterminá-la totalmente, pois alguns desses Portadores sempre conseguem escapar às perseguições e acabam legando a Tradição Esotérica àqueles que consideram dignos de receber tais ensinamentos, chegando a observar, às vezes por muitos anos a fio, um possível candidato à Iniciação, antes de lhe legar a Sabedoria das Eras.

Quando da chegada real dos Templários em Jerusalém ocorrida, em verdade, em 1111, e não em 1118, como dizem os relatos "oficiais" – baseados no que escreveu Guillaume de Tyre, historiador de fontes e datas poucos confiáveis e imprecisas, 50 anos depois que os Cavaleiros do Templo já estavam estabelecidos –, já foi proibido logo de início, por Balduíno I, rei de Jerusalém, qualquer tipo de registros a respeito da presença dos Pobres Cavaleiros de Cristo e do Templo de Salomão em seus domínios, por parte de Fulk de Chartres (ou Foucher de Chartres), capelão, historiador e cronista oficial do Rei (que viveu na época da chegada dos Primeiros Templários), e a quem pertencia a responsabilidade de registrar tudo o que ocorria na Terra Santa.

O que ocorreu em 1118 foi a apresentação oficial da **Pauperes Commilitiones Christi Templique Salomonis** ao Mundo, quando Hugues de Payns, Geofrey de Saint Omer, Geofrey, André de Montbard, Geofrey Bissot, Payen de Mont Du Dier, Gondenar, Jaques de Roral ou Rossal e Archambaud de Saint Aignan, os nove Templários Primordiais, se apresentaram diante do rei e do patriarca de Jerusalém, não sem antes terem se reunido no topo do Monte Moriah para certos fins litúrgicos, ritualísticos e administrativos relativos ao que viria a ser a nova Ordem e sobre os quais não se convém comentar, pelo menos por ora.

Oficialmente, como explicado no parágrafo anterior, a Ordem do Templo teria passado a existir apenas em 1118, e essa afirmação durante muitos séculos foi defendida pela maioria dos historiadores, que estavam baseados em Guillaume de Tyre, sendo que ele, por escrever após 50 anos de presença Templária na Terra Santa, não esteve presente quando da chegada dos Templários Primordiais nela, e ainda que tivesse obtido alguns dados dos Templários contemporâneos de sua época, é largamente sabido em meio à Tradição que os próprios Templários distorceram certas informações passadas a Guillaume de Tyre, uma vez que seus primeiros objetivos na Terra Santa eram de conhecimento exclusivo dos dirigentes da Ordem do Templo e também dos dirigentes de outras Ordens, algumas Monásticas, outras Herméticas e Esotéricas, presentes em Jerusalém e no continente Europeu.

Partindo para a conclusão dessas primeiras breves reflexões, que geram muito mais perguntas do que respostas, seria interessante apresentarmos algumas das expressões Tradicionais Esotéricas, que inspiraram e serviram de embrião intelectual e filosófico para o que viria a ser a Ordem dos Pobres Cavaleiros de Cristo e do Templo de Salomão.

Pitagóricos

Até os dias atuais, dentro de várias expressões Templárias sérias existentes em nosso mundo moderno, é dito: *"Templário que não conhece a Geometria Sagrada, os mistérios do Verbo e dos Números, deixando de prestar reverência ao Filósofo Pitágoras, não é Templário e, se o é, não passa de um Noviço, recém-chegado à Ordem"*.

Em Crotona, sul da Itália, Pitágoras desenvolveu sua **Escola Itálica**, cujos mistérios e ensinamentos eram baseados nos números e suas vibrações, acrescidos de estudos sobre Geometria Sagrada, muitos deles oriundos da passagem de Pitágoras pelas Escolas de Mistérios do Egito Antigo, sendo a ética e uma elevada moral condições *sine qua non* para ser admitido nessa Ordem.

O símbolo principal dos Pitagóricos era o Pentagrama, sendo que eles, de certa maneira, inspiraram o futuro do Platonismo, o próprio Cristianismo, já que hoje em dia muitas Sociedades Secretas exaltam seus ensinamentos e sua profunda Filosofia, Moral e Ética.

"Curiosamente", e também muito supostamente, Pitágoras teria morrido em meio às chamas de um ataque à sua Escola Itálica, promovido por uma turba incitada pela classe política do sul da Itália, que via os Ensinamentos Pitagóricos como uma ameaça à sua manutenção de poder.

Pitágoras.   *O Pentagrama: Símbolo dos Pitagóricos.*

O Pitagorismo sobreviveu até nossos dias e hoje se oculta dentro de certas Ordens Templárias, sendo impossível pedir o ingresso a ela, que só é concedido a Templários exemplares em todos os critérios das expressões do Templo do qual os mesmos tomam parte.

Aqui no Brasil, aos Irmãos Maçons e Sobrinhos De Molays interessados em Pitagorismo, vale a pena pesquisar o Instituto Neo Pitagórico: <http://www.pitagorico.org.br/modules/content/index.php?id=9>.

Essênios

Comunidade religiosa profundamente Hermética e Esotérica, apartada do restante da sociedade judaica na época de Jesus, que teve entre um de seus mais proeminentes Mestres de último Grau o próprio Jesus Cristo.

Os Essênios teriam se originado por volta de 200 a.C., mais precisamente entre 150 e 140 a.C., tendo existido até 68 d.C., quando se deram os primeiros conflitos mais sérios entre judeus e romanos, sendo teoricamente exterminados pelo general romano Vespasiano por volta de 70 d.C.

Muitas de suas práticas inspiraram os Cátaros da Idade Média, sendo que essa inspiração passou para a Ordem do Templo, uma vez que muitos dos Templários originais eram adeptos do Catarismo e mesmo aqueles que não seguiam essa filosofia eram oriundos do sul da França, principal região de marcante presença Cátara.

O currículo de estudos relativos à Formação de Mestrado Essênia envolvia Astrologia, Química, Alquimia, História Natural, Religião Comparada, Leis Naturais e Universais, Teurgia, Estudos a respeito do Nome de Deus, o Tetragrama e proficiência no tocante ao Reinos dos Anjos e seus diferentes Coros Angelicais, bem como os rituais oriundos do Merkabah (sistema primitivo de misticismo judaico, presente na Kabballah) pelos quais era possível contatá-los; dispensável dizer que muitos desses temas estão inseridos atualmente dentro dos ensinamentos e estudos Templários, principalmente dentro de Tradições Templárias mais dadas ao Gnosticismo e ao Hermetismo.

Cátaros (*Katharoi* = Puros)

O Catarismo foi um movimento considerado herege pela Igreja Católica e perseguido por ela até seu trágico massacre, porém não desaparecimento, na chamada Cruzada Albigense, um ataque promovido e incitado pelo papa Inocêncio III ao sul da França, sendo que a perseguição aos Cátaros durou desde 1209 até 1244 e constituiu uma das páginas mais vergonhosas da História do Vaticano, pelo mesmo ter fomentado uma Cruzada dentro da própria Europa absurdamente de cristãos contra cristãos, pelo simples motivo de não aceitar o Cristianismo Cátaro, mais Gnóstico, puro e primitivo quando comparado, na época, ao Cristianismo Católico.

O Catarismo, além de representar o que havia de mais puro dentro de um Cristianismo altamente Esotérico e Gnóstico, também constituiu, como movimento, um verdadeiro Graal, que acolheu em seu interior muito da Sabedoria das Eras.

Andando sempre em duplas, os Cátaros eram os instrutores da maioria dos filhos da rica nobreza do sul da França, também sendo os terapeutas, confidentes, consoladores e amigos de todas as horas das pessoas mais pobres, simples e humildes que viviam naquela região, estando sempre prontos a socorrer os famintos, desabrigados, enfermos, adoentados e aflitos, sendo o sustentáculo dos moribundos e suas famílias na hora da morte e auxiliadores da Transmigração das Almas, em direção ao Plano Espiritual, por meio de suas poderosas Preces e Rituais Cristãos/ Gnósticos.

"*Os Perfeitos*", nome pelo qual eram conhecidos os Cátaros de último Grau, viviam isolados da sociedade em montanhas e cidadelas escavadas nelas, sendo que algumas cavernas e grutas se convertiam em verdadeiras *Ekklesias*, dormitórios, refeitórios, depósitos e centros de estudos. O celibato, a alimentação quase inteiramente à base de legumes, frutas e verduras, rígidos votos de silêncio e isolamento social eram impostos somente aos Cátaros dos mais altos Graus, sendo que dentro da estrutura de Graus do Catarismo também havia Cátaros casados e amigos dos Cátaros, muitos deles nobres do sul da França, o que ajudou a sobrevivência do Movimento até os dias atuais, que mesmo sendo praticado de forma totalmente reduzida, oculta e insuspeitada, jamais deixou de existir.

Por meio da convivência com a nobreza sulista francesa, os Cátaros possuíam um próspero tesouro que estava sempre à disposição dos mais pobres e necessitados, uma vez que os Cátaros dirigentes do Movimento faziam votos da mais absoluta e total pobreza, não podendo possuir nenhum bem além de suas sandálias, confeccionadas à mão pelo próprio Irmão, seu cordão de cintura e suas vestes (brancas, no caso de Graus elevados) feitas dos panos mais humildes da época, quase sempre doados.

Sugestão de livro: *No Caminho do Santo Graal – Os Antigos Mistérios Cátaros*, de Antonin Gadal, editora Rosa-cruz.

Também, por curiosidade, respeitosa e não superficial, vale a pena visitar o site do Lectorium Rosacrucianum – Escola Internacional da Rosacruz Áurea, uma entre diversas expressões de Rosacrucianismo existentes em nosso tempo, sendo essa altamente Cristã e Gnóstica: <http://www.rosacruzaurea.org.br>

Cruz dos Cátaros.

Ordem do Sinai (1070 d.C.)

Quando falamos em Ordem do Sinai, poucas pessoas sabem a respeito de qual Movimento Tradicional estamos nos referindo. Mas, a partir do momento em que usamos o termo "Priorado do Sião", quase todos imediatamente se lembram do filme *O Código Da Vinci*, inspirado na obra literária de Dan Brown.

É fato que, logo após o lançamento mundial do livro *O Código Da Vinci*, em um primeiro momento o Vaticano e as demais religiões dominantes não se manifestaram sobre o mesmo, mas a partir do momento em que a popularidade do livro começou a aumentar, sendo seguida depois do filme, muitas autoridades eclesiásticas ficaram enfurecidas, uma vez que, segundo sua visão, a obra seria uma heresia, um ataque ao ícone mais Sagrado do Cristianismo, que é Jesus, e sobre o qual a fé de milhões de pessoas no mundo está alicerçada.

Como resposta ao livro de Dan Brow, foram lançadas várias obras literárias, patrocinadas por diversos seguimentos cristãos representantes das linhas dominantes do Cristianismo, visando desacreditar a obra de Brown, como se ele alguma vez tivesse colocado seu *Código Da Vinci* como sendo baseado em fatos históricos incontestáveis. Dan Brown nunca quis isso e o que ele escreveu foi um romance, com base em todos os elementos que um *best-seller* precisa ter para se tornar um sucesso mundial, a saber: suspense, investigação, ação policial, romance, mistérios, um grande segredo, enigmas, capítulos envolventes de leitura rápida e que nos fazem querer saltar imediatamente para o capítulo seguinte. Essa fórmula não falha nunca.

Tudo que foi falado no livro e mostrado no filme existe de fato? Claro que não, mas sem algumas invenções os autores não venderiam e o cinema não teria salas abarrotadas de gente. Mas existem algumas questões: O que é Hollywood e o que é realidade? O que é romance criado na mente de um autor brilhante e o que é fato, só que dentro da chamada História Oculta, a qual estamos abordando aqui? Por que o livro gerou tanta polêmica entre os fiéis do Cristianismo e principalmente entre as autoridades Eclesiásticas? Caso, em meio ao romance, não existisse algo de fato perturbador e que suscitasse questionamentos, por que tanto barulho em torno do assunto?

Um dos pontos mais atacados nas obras posteriores às de Dan Brown é a existência do **Priorado do Sião**, uma Sociedade Secreta e seletíssima, cujo objetivo seria proteger os descendentes de Jesus Cristo e Maria Madalena.

Segundo os livros que atacam *O Código Da Vinci*, somados a alguns documentários exibidos no History Channel e no Discovery, o Priorado do Sião seria fruto de uma invenção de um francês "maluco", como se referem a Pierre Plantard, que teria criado a Ordem em 1960, objetivando o retorno dos descendentes de Cristo e de Madalena a alguns tronos europeus, sendo que o próprio Plantard estaria objetivando ascender em meio às linhagens da nobreza francesa, uma vez que ele mesmo, segundo seus detratores, afirmava descender do Sangue Real Cristão (*Sangreal*). Agora, vamos por partes.

Em primeiro lugar, aqueles que dizem que o Priorado do Sião é uma invenção surgida apenas em 1960 estão totalmente enganados e demonstram uma total ignorância não apenas no tocante à história dessa Sociedade Secreta, como também no que concerne ao básico da História do Esoterismo Ocidental. Em segundo lugar, Pierre Plantard foi, sim, um membro do Priorado do Sião em 1960, quando a Sociedade ainda tinha esse nome. Plantard não criou o Priorado do Sião, mas o promoveu, tendo recebido autorização para isso, criando uma nova roupagem para que o Priorado ressurgisse nos tempos modernos, e isso incluía até adotar um novo nome para a Ordem.

Plantard fez a mesma coisa que nos idos de 1950 fizeram Gerald Gardner e Alex Sanders, responsáveis por alguns dos movimentos de ressurgência Pagã na Inglaterra, sendo que Gardner é considerado até hoje como o Avô de todos os praticante da Wicca, uma religião baseada nos ciclos das estações e nos rituais sazonais de plantios e colheitas, tendo como ênfase Solstícios e Equinócios para suas celebrações, estando essa religião estabelecida sobre bases relativas à Antiga Religião praticada desde as épocas primitivas do Paleolítico e do Neolítico. É ridículo dizer que Gardner criou a Antiga Religião, mas é totalmente acertado dizer que ele, assim como Plantard na França são ambos responsáveis pelos ressurgimentos de certas Tradições que haviam caído no esquecimento, salvo suas práticas em grupos fechadíssimos, sendo que essas Tradições corriam o sério risco de desaparecer da face da Terra. Quando falamos em matéria de

Priorado do Sião, estamos falando de um movimento ressurgente, inspirado em uma Ordem cuja verdadeira origem está muito distante de 1960.

No ano de 1070 d.C. (29 anos antes da tomada de Jerusalém), alguns monges oriundos da Calábria, sul da Itália, chegaram a Ardenas (em francês: *Ardennes*), em terras pertencentes a Mathilde de Toscane, Duquesa de Lorraine, tia de Godofredo de Bulhões, um dos maiores ícones da primeira Cruzada. Esses monges calabreses, a exemplo do que acontecia com diversas "heresias" da época, ou seja, qualquer movimento que falasse algo ao contrário do que o Vaticano pregava, eram inspirados nos antigos ensinamentos dos Basilidianos e Valentinianos, duas respeitáveis Escolas Cristãs Gnósticas que existiram entre os séculos II e IV d.C. e aglutinavam também conhecimentos dos Elkessaítas, Maniqueístas, Paulicinianos, Priscilianistas, Anabatistas e Bogomilos, além de terem mantido um contato muito próximo junto aos Cátaros, já citados nesta matéria.

Mathilde de Toscane, tocada pela pureza dos ensinamentos cristãos primitivos, concede parte de suas terras para a fixação dos monges italianos e pede a Godofredo de Bulhões que construa um misterioso Templo de forma Octogonal, em meio às florestas de Ardenas, onde os monges passam a viver e professar sua Fé Cristã Gnóstica. Curiosamente, as dependências mais sagradas dos Templários destinadas a cultos e rituais tinham formas Octogonais, inclusive algumas de suas igrejas.

Os Monges Calabreses adotam para si o nome de Ordem do Sinai, pelo qual serão conhecidos até 1090, quando adotarão o nome de Monastério do Sinai, sendo a Ordem chamada por esse nome até 1188, quando o Monastério do Sinai desaparece da História, para reaparecer somente em 1960, em uma roupagem e nome totalmente novos: o Priorado do Sião.

A primeira sede da Ordem do Sinai foi em Ardenas, França, mas antes do início das Cruzadas alguns dos primeiros monges vindos da Calábria e continuadores de sua obra foram se transferindo para uma nova sede estabelecida ao sul de Jerusalém, erigida novamente com os recursos de Godrofedo de Bulhões, período em que adotaram seu novo nome de Monastério do Sinai, se estabelecendo nesses anos um braço armado do Monastério conhecido como *Cavaleiros da Ordem de Notre Dame do Sinai*, que teriam sido uma espécie de inspiração para o que viria a ser a Ordem dos Pobres Cavaleiros de Cristo e do Templo de Salomão.

Figuras importantes da Primeira Cruzada, como Godofredo de Bulhões, Pedro, o Eremita, Balduíno I, Hugues de Payns (primeiro Grão-Mestre dos Templários), Geoffroy de Saint Omer, o Conde de Champagne, entre outros, conheciam a História dos monges Calabreses, ou haviam sido inspirados pelas mesmas crenças, o que já fez com que os Templários nascessem professando uma fé baseada mais no Cristianismo Primitivo do que na visão mais moderna do Vaticano, a quem, em um primeiro momento, deviam obediência na época.

Quando se diz que o Priorado protegia, e protege até hoje, uma "certa linhagem", precisamos entender que o termo "linhagem" necessariamente, em certos contextos, não se aplica ao sangue ou a uma determinada família, podendo também ser aplicado a uma espécie de Sabedoria compartilhada somente em meio a altíssimos Iniciados nos antigos Mistérios.

O Priorado do Sião, antiga Ordem do Sinai, foi colocado no romance de Dan Brown como o Guardião dos descendentes de Jesus e Madalena. Em verdade, os objetivos da Ordem do Sinai eram, em um primeiro momento, bem diferentes disso, e se existe uma descendência cristã, não é o momento para começarmos a lidar com esses assuntos agora. O Priorado, que hoje em dia nem atende mais por esse nome, objetiva determinada Vigília e Renascimento de certas Tradições no continente Europeu, sendo que uma parte delas envolve projetos a respeito da divulgação de um Cristianismo mais Primitivo, sendo que o ser Cristão é condição *sine qua non* para ser admitido nos Mistérios do Sinai.

Concluindo nossa primeira parte da História Oculta a respeito da Ordem do Templo, dá para imaginar que tipos de Rituais, Cerimônias e Liturgia praticaria uma Ordem baseada em tantas Tradições Gnósticas que a antecederam? E uma vez que a História dos Templários ainda continua sendo escrita, nos resta perguntar aonde tudo isso irá levar o Cavaleiro Penitente, Peregrino das Rotas Sagradas traçadas por si mesmo rumo a uma Jerusalém não corruptível, em meio a uma Eterna Cruzada travada dentro de si, na incessante Busca pelo Autoconhecimento, mas esses são assuntos para um outro pôr do sol...

In Hoc Signo Vinces

Símbolo do Priorado do Sião
1960 – França.

Símbolo do Priorado Cavaleiros de Sangreal
da Ordem Sagrada dos Soldados Companheiros de
Jacques De Molay
São Caetano do Sul – SP – Brasil – 2010.

Non Nobis Domine, Non Nobis, Sed Nomini Tuo da Gloriam
Atenciosamente

Irmão Alexandre José Garzeri (33º) – Mestre instalado da A R L S "28 de Julho", Nº 133, do Oriente de São Caetano do Sul, subordinada à GLESP; Cavaleiro Templário; Cavaleiro de Malta, Membro do Preceptório "Madras" Nº 22, subordinado ao Grande Priorado do Brasil, das Ordens Unidas Religiosas, Militares e Maçônicas do Templo e de São João de Jerusalém, Palestina, Rodes e Malta; Presidente do Conselho Consultivo do Capítulo "Cavaleiros do Templo", Nº 46/701 e do Priorado "Cavaleiro de Sangreal", Nº 149, subordinado ao Supremo Conselho da Ordem De Molay para a República Federativa do Brasil; pesquisador de assuntos concernentes às Ordens de Cavalaria Medieval, tendo se especializado na História Oculta dos Templários, aos quais está ligado por meio de certas Sociedades Herméticas Francesas, onde ainda se pratica o Templarismo Primitivo.

Capítulo 5

2014: Templários – O Ano do Renascimento da Fênix Templária

O Templarismo é toda uma Filosofia de Vida, um estado de espírito e uma Tradição riquíssima em Sabedoria, mitos e lendas, na qual fica difícil determinarmos onde acaba a História oficial, que não chega nem mesmo a tocar nos Mistérios mais profundos da Ordem do Templo, e onde começa a História Oculta, que somente pode ser contada pelos Cavaleiros do Templo, que compõem as mais diversas linhas de pensamento, que integram a História de uma das mais proeminentes Ordens de Cavalaria Medieval, cuja História continua a ser escrita e contada em nossos dias atuais.

Muitos acreditam que a Ordem dos Pobres Cavaleiros do Cristo e do Templo de Salomão findou na Idade Média, com a morte de seu último Grão-Mestre, Jacques De Molay, executado na fogueira em 18 de Março de 1314, por ordem do papa Clemente V e do rei Felipe IV, da França, conhecido como Felipe, o Belo. Assim, quando dizemos que a Ordem do Templo nunca cessou suas atividades, em um primeiro momento isso causa estranheza para os não Iniciados na mesma e gera ceticismo entre os historiadores, que, não sendo Templários, podem unicamente se basear em datas, lugares, épocas, personagens e números que, ainda que sirvam para contar parte da História da Ordem do Templo, deixam muito a desejar em matéria de informações fidedignas, bem como a respeito do que realmente aconteceu na época do suposto fim da Ordem do Templo, que nunca ocorreu, tendo ela apenas mudado de nome, roupagem e forma de atuação, no Segundo Ciclo de atividades da Ordem, relativo aos novos tempos que viriam.

Na sexta-feira 13 de outubro de 1307, o que finda, com a captura do Grão-Mestre Jacques De Molay, ocorrida na Casa Primaz e Quartel-General da Ordem do Templo, que ficava em Paris, é justamente o Primeiro Ciclo da História dos Templários, que começou oficialmente em 1118, em Jerusalém, quando se apresentaram para o rei Balduíno II e para o Patriarca de Jerusalém nove Cavaleiros, que cingiam túnicas e mantos brancos com capuz, sendo Geoffrey de Saint Omer, Payen de Montdidier, André de Montbard, Geoffrey Bisot, Gondenar, Roral, Geoffrey, Archambaud de Saint Aignan, todos liderados por Hugo de Payns, primeiro Grão-Mestre da Ordem dos Pobres Cavaleiros de Cristo e do Templo de Salomão, que, de acordo com a História Oficial, se apresentam para o Rei de Jerusalém objetivando proteger as rotas, vias e caminhos que levavam à Terra Santa e por ondem seguiam muito peregrinos, que estavam sistematicamente sendo massacrados por mulçumanos e sarracenos, como resposta à invasão de Jerusalém pelos Cruzados, arregimentados e incitados a retomar Jerusalém das mãos dos infiéis, pelo papa Urbano II, que conclamou a Europa a lutar na primeira Cruzada, em 1096, tendo sido tomada a Terra Santa pelos Cruzados em 1099.

Antes de prosseguirmos com essa matéria, cujo objetivo é compreendermos o ocaso da Ordem do Templo, bem como seu Renascimento, agora em 2014, é fundamental entendermos certos elementos da História Oculta dos Cavaleiros Templários, na qual é considerado um erro infantil de interpretação dizer que os Templários chegaram a Jerusalém apenas em 1118, pois sua chegada ocorreu, em verdade, em 1111, quando Hugo de Payns e seus oito Cavaleiros teriam se apresentando para o rei Balduíno I, do qual receberam concessões de terras, onde antigamente havia sido erigido o Templo de Salomão. Da mesma forma, está totalmente errado dizer que o objetivo primeiro dos Templários na Terra Santa foi a defesa dos caminhos que levavam a Jerusalém, a não ser que interpretemos as palavras caminho, rota e via como sinônimo de uma Tradição, Gnose ou Filosofia Oculta, da qual os Templários são guardiões até os dias atuais.

Quando dizemos que os Templários protegeram, em um primeiro momento, de quando sua real chegada a Jerusalém, em 1111, os caminhos que levavam à Cidade Santa, isso é impossível, pois como apenas nove Cavaleiros iriam proteger todas as Rotas que levavam a Jerusalém? Daí atinamos que essa lendária defesa é algo simbólico, sendo O Templário o Guardião de vários elementos da Tradição Esotérica, que quando estudados, compreendidos e praticados podem levar ao Autoconhecimento, nos conduzir à Verdadeira Iniciação e fazer com que cheguemos sãos e salvos a uma Jerusalém que não é terrestre e sim uma Jerusalém Celestial, representando a mesma outro plano de consciência, o qual deve ser atingido por uma Cruzada mais interna do que externa, na qual é fundamental combatermos o Bom Combate, com nós mesmos.

A defesa das rotas sagradas que levavam a Jerusalém coube, em um primeiro momento, à Ordem dos Cavaleiros do Hospital de São João de Jerusalém, conhecidos naquela época como Hospitalários e hoje em dia como Cavaleiros de Malta, cujos emblemáticos mantos negros com capuz ostentam uma enorme cruz branca. Os Hospitalários já possuíam na Europa toda uma rede de Casas Hospitalares, nas quais eram tratados os doentes e, tendo estabelecido algumas dessas casas hospitalares nos caminhos que levavam até a Terra Santa, é obvio entendermos que os Cavaleiros do Hospital de São João de Jerusalém, alguns deles peritos no ofício da medicina, estavam muito mais preparados, estruturados e geograficamente bem situados para estabelecer uma verdadeira rede de defesa dos peregrinos que iam a Jerusalém, bem como tratar os feridos que se machucavam em razão dos embates na Cruzada.

Em sua vocação para defender a Terra Santa, os Hospitalários foram auxiliados por uma segunda grande Ordem de Cavalaria, também notória, quando da época das Cruzadas, tendo sido a mesma fundada por Godofredo de Bulhões, no ano da tomada de Jerusalém, em 1099, quando irromperam cidade adentro, chegando ao Santo Sepulcro e constituindo a Ordem Equestre dos Cavaleiros do Santo Sepulcro, cujo primeiro Grão-Mestre foi o próprio fundador da Ordem, Godofredo de Bulhões, que de início constituiu uma Ordem formada por 50 de seus melhores homens, extremamente letais em combate tanto a pé quando montados. Essa Ordem tinha a função de ser a Guarda pessoal do rei de Jerusalém, bem como proteger a Cidade Santa internamente e dar suporte nos combates mais próximos que ocorriam ao redor dela.

Nos sete primeiros anos de sua existência, de 1111 a 1118, Os Templários – cujas atividades não puderam ser registradas nem pelo próprio cronista do rei de Jerusalém da época, Fulk de Chartres, que era responsável por registrar tudo o que ocorria na Terra Santa – estiveram ocupados com atividades concernentes à descoberta de uma entrada para os subterrâneos do Templo de Salomão visando, quando nele, extrair certos elementos arquitetônicos, bem como informações Gnósticas, oriundas de uma Sabedoria muito oculta e secreta, a qual os primeiros Templários tinham de não apenas recuperar, mas compreender e passar a aplicar, o que fizeram com maestria tendo em pouco tempo, quando de sua chegada à Terra Santa, não apenas voltado para a Europa, com louvores, como se tornaram a mais poderosa e influente Ordem Cavaleiresca Medieval.

Todas as informações concernentes às reais origens dos Templários, que estavam por trás da fundação dos mesmos, bem como as atividades perpetuadas pelos nove Templários originais, em seus sete primeiros anos de existência e o que, de fato, eles descobriram nos subterrâneos do Templo de Salomão, são partes importantes da História Oculta da Ordem dos Pobres Cavaleiros de Cristo e do Templo de Salomão, que são passadas, hoje em dia, de boca a ouvido, de um Templário para outro, não sendo acessíveis essas informações para aqueles que não fazem parte de um círculo muito íntimo, elevado, secreto e fechado, constituído por Cavaleiros Templários responsáveis pela manutenção das Tradições Cavaleirescas mais puras e de uma Sabedoria Oculta, a qual jamais é legada àqueles que não dão provas de um sincero e profundo desejo de evolução.

Voltando ao foco desta matéria, que é o Ocaso da Ordem do Templo e seu Renascimento, em 2014, poderíamos dizer que a Ordem do Templo findou as atividades concernentes ao seu Primeiro Ciclo de atividades, iniciado em 1111, a partir do momento em que Jacques de Molay, 22º Grão-Mestre da Ordem do Templo (não contando na lista de 23 Grãos-Mestres o nome de Gérard de Ridefort, considerado maldito, relapso e um dos maiores responsáveis da perda de Jerusalém para Saladino, na época das Cruzadas), foi capturado em 13 de Outubro de 1307. Naquela época, caso alguém capturasse o Grão-Mestre de alguma Ordem e não fosse possível resgatá-lo ou negociar seu retorno, isso marcava o fim da mesma, mas o que veremos, no caso dos Templários, é que eles não foram exterminados, sendo que em algumas partes da Europa, mesmo com Jacques De Molay tendo ficado encarcerado durante sete anos antes de sua execução, é sabido que a Ordem do Templo jamais cessou suas atividades, tendo alguns Templários se ocultado em meio a outras Ordens de Cavalaria existentes; alguns fugidos para outros países, onde jamais houve perseguição aos Templários, como é o caso da Inglaterra, Escócia, Portugal, Alemanha, Espanha, etc. E ainda tivemos um grupo extremamente ousado, que de forma muito oculta e velada, ainda desenvolvia secretamente atividades no sul da França, mesmo com a Inquisição os perseguindo, juntamente com outras forças e grupos leais ao rei Felipe, o Belo.

Para que os leitores possam entender melhor a continuidade da Ordem do Templo, até nossos dias atuais, após a captura de Jacques De Molay, em 1307, a coisa ficou mais ou menos assim, até hoje:

Ordem Templária Original (Pauperes Commilitiones Christi Templique Salomonis) – surgiu, extraoficialmente, em 1111 e durou até, oficialmente falando, 1314, com a morte de Jacques De Molay, último Grão-Mestre do Primeiro Ciclo de atividades da Ordem dos Pobres Cavaleiros de Cristo e do Templo de Salomão.

Templarismo Hereditário – é uma linha de continuidade da Ordem do Templo muito curiosa e interessante, mas praticada, até os dias atuais, apenas por Famílias, onde o sangue Templário circula pelas veias de seus membros. O curioso é sabermos que: se Os Templários faziam votos de castidade, quando de sua entrada na Ordem, como pode existir uma linhagem sanguínea oriunda da mesma? A resposta é muito simples: os votos de castidade se destinavam apenas à classe mandante, dentro da Ordem do Templo, seus mais altos oficiais, bem como àqueles responsáveis pela guarda dos Segredos mais ocultos da Ordem. Todos esses citados faziam votos de castidade sim, mas a Ordem era constituída por membros que ocupavam cargos mais baixos dentro da rigorosa hierarquia existente, ou cargos administrativos, para os quais o voto de castidade não era pedido. Quando a Ordem se viu perseguida, foi por meio desses membros situados em cargos menores, dentro da hierarquia Templária, bem como por intermédio de simpatizantes da Ordem do Templo, que podiam ter famílias sem nenhum problema, que certos ensinamentos secretos foram transmitidos, bem como a guarda de certos tesouros, que não podiam cair nas mãos dos perseguidores dos Templários. Essas verdadeiras Famílias Templárias jamais desvelaram para os que não fossem do mesmo sangue os segredos que guardavam, sendo, até hoje em dia, uma das formas de continuidade da Ordem do Templo mais fechadas, insuspeitadas e secretas que existem, até mesmo porque algumas Famílias do Templo, até mesmo Famílias pertencentes à alta nobreza europeia, ao longo dos séculos mudaram seu nome familiar, visando permanecer incógnitas e desconhecidas, em meio à humanidade.

Templarismo de Ressurgência – a partir do momento em que capturaram Jacques De Molay, toda a Ordem Templária passou, automaticamente, por uma ressurgência e foram essas novas linhas eclodindo, ao longo de praticamente todo o mundo conhecido, desde o martírio de Jacques De Molay até os dias atuais, que mantiveram e mantêm a Chama da Fênix viva ao longo dos séculos.

Templarismo Maçônico – evidentemente a Ordem Templária não teve origem nos Maçons, mas seja por meio dos contatos dos primeiros Templários fundadores, ainda na Idade Média, até quando as guildas de construtores medievais protegeram e ocultaram os Templários em seu seio, quando da época da perseguição, que Os Templários acabaram influenciando fortemente a Maçonaria.

Quando do retorno dos primeiros Templários que lutaram na Primeira Cruzada à Europa, eles trouxeram na bagagem certos segredos arquitetônicos, encontrados nos subterrâneos do Templo de Salomão, que foram legados aos construtores medievais, e por meio desse conhecimento uma nova concepção arquitetônica surgiu na Europa, como um raio de sol a passar pelos vitrais das Catedrais, que atestam o uso dos conhecimentos oriundos de Jerusalém, que eclodiram como um novo esplendor na Arte de Construir por toda a Europa, sendo as Catedrais mais proeminentes do Continente Europeu, o Legado de Pedra dos Maçons Medievais à humanidade, que perduram até hoje.

Após a constituição da Grande Loja da Inglaterra, Potência à qual estamos ligados, adveio a necessidade de estabelecer os Graus Filosóficos, não apenas do Escocismo, mas também de muitos outros Ritos Maçônicos, de nítidas inspirações Templárias, nos quais se perpetuam os Ensinamentos Secretos, passagens Históricas e Filosofia

Gnóstica oriunda da Ordem dos Pobres Cavaleiros de Cristo e do Templo de Salomão.

Dentro do Rito Escocês Antigo e Aceito figuram, em meio aos Graus Filosóficos, certos Graus Cavaleirescos, que atestam a continuação do Templarismo em meio aos Maçons, sendo o Grau 30, Kadosh, ou Cavaleiro da Águia Branca e Negra, o Grau Templário mais representativo de todos, em meio ao Escocismo, onde a figura principal exaltada é Jacques De Molay, o Eterno Grão-Mestre da Ordem do Templo.

Ainda podemos citar, como Ritos Templários, o Rito da Estrita Observância Templária, um Rito Maçônico, Templário até no nome, bem como O Rito Escocês Retificado, que além de suas origens e influências Martinistas, principalmente oriundas de Jean Baptiste Willermorz, constitui a porta de entrada para a Ordem dos Cavaleiros Benfeitores da Cidade Santa, onde se verifica o Sublime e Real Espírito Cavaleiresco, que a todos os Cavaleiros anima Universalmente.

O Templarismo nas Ordens de Aperfeiçoamento Maçônico – como o nome bem diz, "Ordens de *Aperfeiçoamento* Maçônico", o que o Maçom deve entender pela palavra aperfeiçoamento se resume a um só termo: Estudo.

Para os Maçons que gostam de estudar incessantemente e veem no estudo dos Mistérios a própria razão de existência da Maçonaria, sem o qual é impossível chegar ao Autoconhecimento, que nos permite atingir uma maior Qualidade de Vida, e aí sim podermos trabalhar pelo aperfeiçoamento e felicidade da humanidade, **O Grande Priorado do Brasil das Ordens Unidas Religiosas, Militares e Maçônicas do Templo, de São João de Jerusalém, Palestina, Rodes e Malta,** apresenta de maneira primorosa, sublime, autêntica e Tradicional, tanto a Ordem do Templo quanto a Ordem de Malta, indispensáveis ao currículo do Maçom estudioso, principalmente aqueles que já estão se graduando nos Graus Filosóficos, onde se encontram claras influências Templárias e Cavaleirescas.

O Templarismo e a Ordem De Molay – gostaria de concluir a presente matéria me dirigindo agora aos nossos valorosos Sobrinhos da Ordem De Molay, que integram as chamadas Ordens Paramaçônicas.

Criada em 1919 pelo Maçom Frank Sherman Land, a Ordem De Molay, hoje em dia, dentro do contexto que foi apresentado nesta matéria, seria considerada uma Ordem de Ressurgência Templária, nitidamente inspirada nos Cavaleiros Templários, tendo na figura de Jacques De Molay um grande exemplo de Coragem, Bravura e Lealdade, capaz de vencer a própria morte e renascer como a Fênix, por meio das velas que De Molays do mundo todo acendem para representar as Virtudes Cardeais que norteiam suas vidas, a saber: Amor Filial, Reverência pelas Coisas Sagradas, Cortesia, Companheirismo, Fidelidade, Pureza e Patriotismo.

Observando com atenção e profundidade o belíssimo Ritual criado para os Sobrinhos De Molays pelo Maçom Frank Marshall, bem como buscando nossos Sobrinhos, já em idade apropriada, um maior aprofundamento na Ordem De Molay, por meio da Ordem Sagrada dos Soldados Companheiros de Jacques De Molay, é impossível não considerar a Ordem De Molay como uma das Ordens neotemplárias mais respeitáveis do Mundo, uma vez que diversas Ordens Templárias de Ressurgência já consideram os De Molays como uma moderna continuidade da Ordem do Templo, evidentemente em um sentido filosófico e inspiracional.

É muito importante que nossos Sobrinhos De Molays saibam por que o ano de 2014 é considerado importantíssimo para a Ordem do Templo.

A exemplo do que já havia ocorrido com os Cátaros, um grupo Gnóstico Cristão que perpetuava no sul da França uma forma de Cristianismo mais primitiva e que se opunha ao Cristianismo pregado pelo Vaticano, na época, foram os mesmos perseguidos e sentenciados à fogueira pelo papa Inocêncio III, que queria erradicar o que ele chamava de "Heresia Cátara" da face da Terra.

Os Cátaros foram quase totalmente exterminados quando findou o cerco a Montségur, último bastião de resistência sulista, por meio de uma violenta investida de 30 mil homens, que arrasaram o sul da França de 1209 a 1244 naquela que ficou sendo conhecida como a Cruzada Albigense, e foi graças à Ordem do Templo, cujo Grão-Mestre na época era Armand de Perigórd, também conhecido como *Hermann de Pierre-Grosse*, que indignado com a perseguição à Fé Cátara, e sabendo que alguns Templários eram oriundos de famílias daquela região resolveu enviar, em segredo, um pequeno grupo de Cavaleiros, cujo objetivo era se integrar aos Cruzados Albigenses, depois se separar dos mesmos e tentar engendrar um plano de fuga para os últimos Cátaros e alguns nobres sulistas, que acabaram ficando sitiados em Montségur depois de travar combates violentos contra os invasores.

Os Templários, ainda que não tivessem conseguido salvar todos os sitiados, conseguiram salvar uma pequena parcela deles, bem como ficaram de posse de um poderoso Segredo, há séculos mantido pelos Cátaros, que o legaram aos Pobres Cavaleiros de Cristo e do Templo de Salomão, sendo que os mesmos deram fuga e acolheram os últimos Cátaros durante algum tempo em Portugal, país no qual, na época, seria impossível perseguir alguém que estivesse sobre a proteção dos Templários portugueses, uma vez que quase todas as terras de Portugal eram de propriedade da Ordem do Templo, tendo ela muitos nobres da Coroa Portuguesa figurando em seus quadros.

Ainda que perseguidos e praticamente extintos, os Cátaros, com o auxílio dos Templários, se valeram de sua planta emblemática, o Loureiro, para simbolizar sua resistência e o retorno de sua Fé em tempos futuros, ainda que a mesma fosse praticada em segredo, tendo criado a seguinte frase, que nortearia a perpetuação e o ressurgimento secreto dos Cátaros ao longo dos séculos: "*E após muitos séculos, quando ninguém estiver esperando, o Loureiro irá reverberar novamente...*"

Hoje em dia o Catarismo, confirmando a profecia, continua a ser perpetuado em seletos círculos Gnósticos que estudam, praticam e se inspiram nos ensinamentos dos Cátaros de outrora, tendo realmente o Loureiro renascido uma vez mais.

Curiosamente, setenta anos após a Cruzada Albigense, ocorrida pelo fanatismo do papa Inocêncio III, que estava muito interessado em colocar as mãos nas terras e riquezas do próspero sul da França, outro papa, Clemente V, e o rei da França, Felipe IV, conhecido como Felipe, o Belo, perpetuaram ambos novamente uma perseguição, só que agora aos Templários, em que uma vez mais a cobiça, o fanatismo e a intolerância deram o tom à perseguição e à matança de centenas de Cavaleiros do Templo em solo francês.

Quando da morte de Jacques de Molay, em 18 de março de 1314, e tendo se cumprido a maldição lançada por ele contra vários elementos que deram falso testemunho e condenaram a Ordem do Templo, inclusive o papa Clemente V, morto após um mês contando a partir da data de execução de De Molay, e o próprio rei Felipe IV, que morreu em circunstâncias misteriosas e terrível agonia, nove meses após o martírio do último Grão-Mestre do Primeiro Ciclo de atividades da Ordem do Templo, um sussurro começou a se fazer ouvir por toda a Europa, tanto em meio à nobreza quanto em meio ao povo: *"E após 700 anos, a Fênix renascerá..."*

A Fênix, ave mítica que renasce das cinzas para demonstrar os eternos ciclos de morte e renascimento, era e continua sendo a ave emblemática da resistência Templária, pela qual Jacques De Molay foi capaz de vencer as chamas da fogueira e se tornar Imortal como a Fênix, em meio a diversas Ordens Cavaleirescas, que reconhecem seu martírio. Principalmente, brilha a Chama da Fênix Templária no coração de cada Sobrinho De Molay, que segue o Heroico exemplo do Patrono de nossa bem-amada Ordem.

Estamos em 2014, 700 anos após o Martírio de Jacques De Molay, sendo esse o momento propício e um tempo há muito aguardado para o Renascimento da Ordem do Templo, em meio a um mundo que nunca necessitou tanto de bons exemplos, virtudes e nobreza de caráter como hoje em dia.

Rogamos ao Pai Celestial para que, em meio a tantas expressões de Templarismo existentes atualmente, nossos Queridos Sobrinhos De Molays sempre se lembrem de seu importante papel, como verdadeiros neotemplários, continuadores da Missão de Jacques De Molay, bem como de todos os Templários que o antecederam, chegando até o primeiro Grão-Mestre da Ordem do Templo, Hugo de Payns.

Ser membro da Ordem De Molay, em um sentido mais filosófico e profundo, é ser mais um Elo, em meio a uma Corrente que se iniciou muitos séculos atrás, quando do advento da Ordem do Templo, cuja História ainda está sendo escrita em nossos dias atuais. O que nos cumpre é praticar as Virtudes, liderar pelo exemplo e continuar escrevendo essa gloriosa História com Amor, pois ser De Molay é um Estado de Espírito, uma Filosofia de Vida e um sentido do Dever que abraçamos com muita satisfação, pois não existe maior Glória para um Cavaleiro que o Servir, de maneira desinteressada, todos os que necessitam, em qualquer esfera onde sejamos chamados a atuar, como bem exemplifica o seguinte texto, que era lido quando da acolhida de um Templário no seio da Ordem:

"Tu nos vês com belos cavalos e belos arreios, e comer bem, e possuir belos trajes, e, portanto, parece-te que terás vida confortável. Mas não sabes os severos mandamentos que prevalecem aqui dentro: porque é difícil tu, que és senhor de ti mesmo, te tornares servo de outro (...); se quiseres ficar na terra desse lado do mar, serás mandado para o outro lado; se quiseres ficar em Acre, serás mandado para Trípoli" (Regra – Recepção de um Irmão Templário – Parágrafo 661).

ALEXANDRE GARZERI: Mestre Instalado da A.R.L.S "28 de Julho", Nº 133, do Oriente de São Caetano do Sul (GLESP); Grau 33º Soberano Grande Inspetor-Geral do Rito Escocês Antigo e Aceito; atual Grande Secretário da Cultura, do Grande Priorado do Brasil das Ordens Unidas Religiosas, Militares e Maçônicas do Templo, de São João de Jerusalém, Palestina, Rodes e Malta; atual Rei de Armas, do Grande Priorado do Brasil, da Ordem dos Cavaleiros Benfeitores da Cidade Santa.

Livros para consulta e aprofundamento:

Os Cavaleiros Templários nas Cruzadas – Prisão, Fogo e Espada – John J. Robinson/Madras Editora.

Os Mistérios do Tesouro dos Templários e do Santo Graal – os Segredos de Rennes Le Château – Lionel e Patricia Fanthorpe/Madras Editora.

A Linhagem do Santo Graal – a Verdadeira História do Casamento de Maria Madalena e Jesus Cristo – Laurence Gardner/Madras Editora.

AVISO IMPORTANTE:

"TODOS OS EXPERIMENTOS QUE ACOMPANHAM AS SETE VIRTUDES CARDEAIS NÃO SÃO PRÁTICAS USUAIS E OFICIAIS PRESENTES NA ORDEM DE MOLAY E, PORTANTO, EM HIPÓTESE ALGUMA, DEVEM SER REALIZADOS NOS CAPÍTULOS, MUITO MENOS FEITOS EM GRUPO.

SÃO SIMPLESMENTE REFLEXÕES PESSOAIS E UMA FORMA DE MEDITARMOS SOBRE TÃO VIRTUOSOS ENSINAMENTOS E PRINCÍPIOS.

DA MESMA FORMA OS PAIS OU RESPONSÁVEIS PELOS JOVENS DEVEM SER SEMPRE NOTIFICADOS POR SEUS FILHOS ANTES DA EXECUÇÃO DE QUALQUER PRÁTICA, UMA VEZ QUE DEVEMOS, SEMPRE, DAR SATISFAÇÕES AOS NOSSOS PAIS, A RESPEITO DO QUE FAZEMOS VISANDO AO AUTOCONHECIMENTO, AO EQUILÍBRIO E À HARMONIA, EM TODOS OS ASPECTOS DE NOSSAS VIDAS."

O AUTOR

Capítulo 6

O Amor Filial

"Honra teu Pai e tua Mãe, para que se prolonguem os teus dias na Terra que Iahweh, teu Deus, te dá."

Êxodo 20, 12 – Bíblia de Jerusalém

Entre as Sete Joias que ornam a Coroa da Juventude, simbolizando cada uma delas uma Virtude a ser seguida pelos Jovens da Ordem De Molay, a fim de que eles se tornem exemplos de Ser Humano, nenhuma outra poderia vir em primeiro lugar que não fosse aquela que representa o Amor, o Respeito e a Gratidão que devemos aos nossos Pais.

Quando analisamos o texto abaixo do título deste capítulo, referente ao Quarto Mandamento da Lei de Deus, "Honrar Pai e Mãe", não podemos deixar de reparar que o cumprimento do mesmo está associado ao prolongamento de nossos dias aqui na Terra e precisamos entender por que isso se daria.

Aquele que respeita seus Pais demonstra um entendimento a respeito de uma autoridade estabelecida e dá provas, desde cedo, que está predisposto a aceitar regras, sendo no futuro um cidadão exemplar, que jamais se colocará em situações de risco, muito menos arriscará a vida de seus semelhantes pelo descumprimento das regras e a não submissão às autoridades, bem como às leis e à Constituição de cada Estado e país, que existem para dar sustentabilidade à Paz, Soberania e Justiça da Nação e sem as quais estaríamos imersos na barbárie e no mais profundo caos.

Quando respeitamos e ouvimos nossos Pais, em primeiro lugar, bem como os diversos Pais e Mães simbólicos e secundários, que teremos ao longo de nossas vidas como nossos Professores(as), Tios Maçons, treinadores(as) em alguma atividade esportiva, primeiros chefes em nossos primeiros empregos e tantos outros exemplos de pessoas que acabam, muitas vezes, nos adotando como se fôssemos seus próprios filhos, automaticamente nos afastamos de pessoas de índole nefasta, que querem somente nosso mal e cujo convívio e excessos descomedidos praticados pelas mesmas poderiam nos fazer cometer sérias infrações, que além de se contraporem à Lei podem acabar culminando em sério risco para nossas vidas e integridade física. A partir desse momento entendemos por que o respeito aos Pais não apenas pode alongar nossos dias aqui na Terra, uma vez que pela submissão às regras deixamos de correr riscos desnecessários, bem como passamos a ter dias mais Felizes, em companhia de pessoas sadias física, mental, emocional e espiritualmente falando, que querem o melhor para nós em todos os sentidos de nossa existência. Tudo isso resulta em uma vida longa, próspera e feliz.

Nossos Pais, em nosso Lar, são a representação física do Deus(a) Pai/Mãe, que entre Seus muitos Nomes ao longo das Eras que a humanidade já atravessou é Conhecido por Pai Celestial, entre os De Molays. Da mesma forma que nosso Pai do Céu vela pelo Todo, pelo Macrocosmo, nossos Pais velam pelo Microcosmo, pelo pequeno Universo que é a casa de cada um, e quando nos damos bem com nossos Pais estamos, também, em Harmonia com o Pai Celestial, pois como poderíamos Reverenciar O Sagrado (próxima Virtude a ser comentada no próximo Capítulo) se a representação física desse Sagrado, que convive conosco debaixo do mesmo teto, muitas vezes nós não respeitamos?

Muitos jovens, a essa altura, que são filhos de Pais separados, podendo alguns não se dar bem com seus pais ou, até mesmo, nem ter conhecido direito um deles, até o presente momento de suas vidas, se perguntariam: E nós? Como ficamos?

Ok! Vamos com calma.

Em primeiro lugar, respondendo à questão "Como ficamos", você sempre fica, exatamente, do jeito que você quiser ficar. Muitas vezes algumas coisas nos fogem ao controle e é muito importante, principalmente quando você é jovem, saber que nada do que ocorre com seus responsáveis é, ou foi, sua culpa, o que já o liberta de um enorme peso, que não tem nem deve carregar, muito menos desejar aos outros jogar o mesmo em suas costas.

O momento de diferenciação entre ser um adulto sadio ou um adulto vazio, apegado a valores supérfluos, superficial e revoltado, como a maioria hoje em dia, se dá desde quando começamos a adquirir consciência do que acontece ao nosso redor, sendo a adolescência a fronteira final que separa o que somos do que seremos mediante as decisões que tomarmos, não apenas em relação à nossa fase adulta, mas começando desde a juventude.

Mesmo que alguns filhos não tenham um bom relacionamento com um de seus Pais, ou até quem sabe com ambos, em verdade isso, surpreendentemente, importa até certo ponto em matéria da constituição do ser que o jovem será, uma vez que evolução é um processo individual, no qual as pessoas até podem ajudar, mas somos nós os únicos responsáveis por nossa evolução, bem como por melhor qualidade de vida em nossa existência, acrescida de mais ou menos felicidade.

É importante que nos lembremos, sempre, independentemente do relacionamento que tivermos com nossos Pais, que eles são os grandes responsáveis por termos encarnado neste planeta e a Dádiva da Vida que nos foi concedida por ambos, dívida essa a qual nunca seremos capazes de pagar já constitui um motivo de gratidão que devemos aos nossos progenitores.

Filhos que não possuem boas relações com seus Pais possuem algumas alternativas e devem praticar, para a evolução de suas consciências, alguns pontos de reflexão, que auxiliam o entendimento do jovem dentro do contexto familiar:

1 – O jovem não é responsável, nem jamais pode ser responsabilizado por qualquer tipo de desavenças, contendas, litígios e separação entre seus Pais. O que entendemos por uma Família Ideal é aquela onde os Pais se amam, se respeitam e maduramente, não apenas constituem uma família tendo filhos, mas lhes proveem todas as condições para seu bom desenvolvimento, de modo que cresçam seguros, amparados, bem cuidados, norteados pelos bons exemplos de seus responsáveis e protegidos de tudo aquilo que avilta e depõe contra a integridade e boa formação do gênero humano.

Caso o jovem não encontre uma estrutura dessas, é preciso, por mais difícil que isso seja, entender que muitos Pais não estavam prontos para assumir a grande responsabilidade de constituir e assumir uma Família, e aqui não estamos questionando os motivos pelos quais os mesmos foram levados a fazer isso, pois sabemos que existem situações por demais complexas dentro dessa questão que estamos tratando, mas é lamentável que elas sejam usadas para não amparar os filhos em suas necessidades.

2 – É importante jamais culpar os Pais por qualquer limitação, carência ou falta pela qual os filhos possam passar. Quando o filho atribui seu insucesso ou infelicidade por algo que lhe faltou, esquece-se de ser agradecido por tudo aquilo que excede em sua vida, inclusive o fato de estar vivo, o que denota que sempre podemos trabalhar esforçadamente por dias melhores, sendo esse o brado que compete a um ser humano maduro e consciente. Guardar mágoas ou rancores por não ser suprido seja material, emocional ou espiritualmente pelos Pais faz com que o jovem caminhe sempre com uma sombra de descontentamento a lhe acompanhar pela vida. O jovem precisa se lembrar de que é uma Essência Divina, oriundo do Pai Celestial e com todas as capacidades, talentos e possibilidades de atingir o sucesso, onde quer que decida triunfar. Deixar recalques ilusórios, que não se coadunam com a Essência Luminosa que o jovem é, e liberar qualquer tentativa de colocar a culpa, ou mal julgar os Pais pelo que alguns não conseguiram, ou quiseram legar a um jovem, tornam o Coração do mesmo leve e livre para correr atrás da Felicidade, plenitude e realização em sua vida atual.

3 – Nossos Pais já nos deram tudo, quando nos concederam a Vida, o maior presente que poderíamos almejar ganhar. Concentremo-nos em Viver, que é muito diferente de, simplesmente, existir. Meramente existimos quando legamos nossa Felicidade e realização na vida a outrem, culpando as pessoas quando não chegamos aonde queremos. Só passamos a Viver, verdadeiramente, quando tomamos posse de nossa Vida de forma responsável e agradecida por estarmos vivos e pelos muitos talentos, os quais cabem a nós desenvolvermos, enquanto buscamos nossa realização, que Honra não apenas nossos Pais na Terra, mas também o Pai que está nos Céus e nunca, jamais, desampara os que aceitam plenamente a Filiação Divina.

Quando falamos em aceitar a Filiação Divina, terceiro ponto de reflexão que acaba de ser citado, precisamos entender o que isso significa, pois é muito fácil falar que somos Filhos de Deus, tendo esse conceito se tornado uma espécie de clichê hoje em dia, algo mencionado automaticamente, mas desprovido o termo, pela maioria das pessoas que o empregam, de um real entendimento a respeito do mesmo, o que também inclui uma falta de Comunhão e Integração Emocional com relação à Filiação Divina.

Ser Filho de Deus implica Amor, Compreensão e Obediência ao nosso Pai Celestial. Um estado de espírito no qual submetemos nossa Alma, Coração e Mente à manifestação da Vontade de Deus, para que ela se perpetue por meio de nossos pensamentos, palavras e ações aqui na Terra.

Em muitos contextos religiosos nosso Venerável Mestre, Jesus, O Cristo, é tratado como o Único Filho de Deus. Essa tratativa é simbólica, evidentemente, uma vez que todos nós somos Filhos de Deus, portadores de uma Essência, uma Partícula, Uma Centelha Divina, Oriunda do Próprio Pai Celestial, que vibra dentro de nós esperando acordarmos de nossa inconsciência relativa à Presença de Deus em nosso interior. Quando esse Despertar se der, como o Próprio Cristo havia nos dito, seremos capazes de realizar muito mais do que Ele realizou em matéria de milagres, curas e bênçãos, uma vez que o ser humano Desperto constitui um Verdadeiro Milagre a abençoar a si mesmo iluminando, também, todos os que estão ao seu redor, em um processo infinito de propagação da Luz.

De acordo com os Gnósticos, também conhecidos como cristãos primitivos, Mestres como Jesus, Buda e Krishna eram Filhos de Deus, essencialmente como nós, com a diferença salientada pelo fato de realmente terem se colocado a serviço e a disposição do Pai Celestial, mediante a elevação de suas consciências, em primeiro lugar, o que lhes garantiu a possibilidade de entenderem a Sabedoria vinda do Altíssimo acrescida de uma Fé inabalável e verdadeira, podendo manifestar ambas em suas vidas como Iluminados e "Avatares", termo que significa *Manifestação da Lei* (Ava = Manifestação; Tara ou Tora = Lei).

A aceitação da Filiação Divina requer uma Alma inspirada, um Coração aberto à prática do Amor Incondicional, o que é muito diferente de paixão, e uma Mente voltada à Virtude e a tudo aquilo que possa enaltecer o ser humano, na busca pelo entendimento de si mesmo chamado de Autoconhecimento.

Quando nos aceitamos como Filhos do Nosso Pai Celestial, conscientes e praticantes desse fato, vemos Deus em nossos Pais terrenos, em todos os demais seres humanos e em todas as coisas, o que acaba encerrando a necessidade de competições, confrontos e conflitos com quem quer seja, pois estaríamos a nos confrontar conosco mesmos, uma vez que o Deus que nos habita é o mesmo Deus que habita o próximo. Esse entendimento leva à constituição de uma Família Universal em que, mesmo cada qual se mantendo e crescendo como uma individualidade, temos a noção de que somos partes Essencialmente iguais, que constituem o Todo.

No relacionamento com nossos Pais às vezes surgem conflitos, pois o entendimento do que foi dito no parágrafo anterior leva tempo e não pode ser forçado, sendo a Aceitação da Filiação Divina um processo individual dependente do livre-arbítrio de cada um para se enxergar conscientemente como Filho de Deus, ou continuar dormindo em relação a esse fato. De acordo com a letra de uma música do grupo Legião Urbana, imortalizada na voz de Renato Russo e intitulada "Pais e Filhos", temos o seguinte pensamento:

"Você culpa seus pais por tudo, isso é absurdo
São crianças como você
O que você vai ser,
Quando você crescer?"

Culpar os Pais, ou quem quer que seja, por algo que nos aconteça, ou não vá bem em nossa vida, realmente é um absurdo. Em primeiro lugar somos os únicos responsáveis em gênero, número e grau pelo que nos acontece, pois estamos sujeitos à Lei, inquestionável, de Causa e Efeito, segundo a qual o que plantarmos receberemos mais cedo ou mais tarde, nesta ou em outras vidas. Em segundo lugar, o plantio de uma boa vida, ao contrário do que muitas pessoas pensam, começa pelos pensamentos, para só depois estes se converterem em palavras e ações, que uma vez realizadas raramente podem voltar atrás e, independentemente do que falamos ou fizemos, é necessário que tomemos consciência dos efeitos que nossas palavras e ações poderão provocar, quando as pessoas e toda uma realidade, criada por nós mesmos, que existe ao nosso redor, reagirem às mesmas.

Ao culparmos alguém temos a falsa noção de alívio, na qual os problemas não são nossos, podendo nossa infelicidade e descontentamento serem atribuídos a outrem. Esse comportamento não nos permite crescer, uma vez que, ao não reconhecermos nossas limitações e falta de consciência, que nos conduziram ao erro, realmente acreditamos que não haja nada de errado em nós para ser corrigido, pois o problema sempre está no outro e nunca em nós mesmos. A culpa não produz nada de positivo, tanto para aquele que culpa alguém, responsabilizando-o por seu insucesso, quanto para aquele que se sente culpado e arrasta isso ao longo de seus dias. O perdão, a misericórdia e o desapego, que jamais devem ser confundidos com conivência para com os erros e transgressões, são o melhor caminho para uma vida livre de culpas e todos os transtornos que esta causa, incluindo sérios problemas de saúde.

Continuando a análise da música, podemos dizer que todos nós, Pais e Filhos, somos crianças, em matéria da desenvoltura plena da Consciência. Ainda estamos engatinhando nas questões relativas ao Autoconhecimento, que nos conduz à maturidade como seres humanos plenamente conscientes de nossos papéis perante nós mesmos, a Vida e o Universo.

Quem somos? De onde viemos? Para onde vamos? Quando nos ocupamos na Busca por respostas a essas questões, depois de certo tempo percebemos que as mesmas também afligem os que são responsáveis por nós, o que também coloca nossos Pais como Aprendizes, em matéria de paternidade, responsáveis por Filhos, que além das inúmeras dúvidas e anseios da vida, também estão em busca, os mais conscientes, de respostas a respeito de quem são, de onde vieram e para onde vão.

Nossos Pais, assim como nossos Avós, estão aqui há mais tempo que nós, o que lhes confere Experiência de Vida, desde que eles tenham buscado a Sabedoria ao longo de suas existências, sendo que a mesma não é encontrada apenas nos livros, títulos e diplomas acadêmicos, mas principalmente no aprendizado e meticulosa observação de toda a Vida, com a qual viermos a entrar em contato e que sempre nos ensina, quando permitimos que isso se dê abrindo mão de nosso orgulho e da falsa noção de que sabemos tudo.

A clássica pergunta *"O que você vai ser quando você crescer?"* pode ser entendida em seu sentido literal mas, como dentro das Sociedades Secretas e na De Molay isso não é diferente, sempre devemos buscar um sentido mais profundo por trás da superficialidade e da obviedade das coisas; a questão sobre o que faremos depois de "crescidos" adquire outro sentido.

Estamos falando de um crescimento de Consciência e não apenas fisiológico. O que seremos ao nos tornarmos adultos está ligado ao que fomos quando éramos adolescentes, pois é nessa fase que abandonamos a Fé que tínhamos quando éramos crianças, a qual nos permitia responder, sem pensar, o que queríamos ser quando crescêssemos. Muitos diriam que as crianças falam coisas simplesmente por falar, e minha resposta a essas pessoas é um pedido para que abram suas consciências, que já tiveram algum dia, procurando tentar ser um pouco mais observadoras.

Uma criança, quanto mais nova for, acabou de chegar do Plano Espiritual antes de encarnar aqui na Terra. Até uma certa idade ela sabe muito bem o que quer ser quando crescer, pois isso é escolhido pela própria Alma, do recém-encarnado, antes do encarne em nosso planeta. É o que os Indianos chamam de *Dharma* ou *"Missão de Vida"* na atual existência, e acredite: cada um de nós tem isso, independentemente de acreditar ou não; independentemente de realizar essa Missão, ou não.

Ao encarnarmos esquecemos, para nosso próprio bem, do que passamos em vidas passadas, bem como do Plano Espiritual no qual nos encontrávamos e da Missão de Vida, do Dharma, escolhido por nós antes de nascermos para a presente encarnação. Mesmo que o Véu do Esquecimento se abata sobre nossas consciências objetivas, a criança ainda se lembra, um pouco, do que queria fazer como Missão de Vida. Quando é pequena, os adultos acham lindo a criança responder inúmeras vezes à questão a respeito do que fará quando for adulta, mas com o passar do tempo a sociedade e muitos adultos acabam influenciando a mesma criança, a qual antigamente elogiavam por suas escolhas futuras, a seguir algo totalmente diferente do que ela almejava, não apenas arrancando violentamente aquele ser de seus sonhos, mas adulterando, como são adultos que também traíram suas crianças interiores, a Pura manifestação da Missão de Vida de inúmeros meninos e meninas, que serão fadados a uma total insatisfação pessoal, por melhor que sejam seus resultados financeiros e aparentes vitórias profissionais, caso estejam totalmente fora das metas e objetivos que haviam escolhido antes da presente encarnação.

Crianças e adolescentes devem ser incentivados em suas escolhas futuras, desde que estas não transgridam as leis da Nação ou interfiram negativamente no livre-arbítrio das demais pessoas ao seu redor, levando o jovem a comportamentos mesquinhos e egoístas.

Muitas vezes alguns Pais tentam se realizar por meio de seus filhos, indicando a eles caminhos que, em verdade, queriam ter percorrido, mas por inúmeras circunstâncias, que não cabe colocar aqui e muitos menos julgar, não lhes foi possível ter acesso. Fazem isso por Amor e que ninguém duvide disso, mas é necessário que compreendam que seus Filhos são uma Essência em Evolução, que têm metas e objetivos de vida para cumprir, sendo que as mesmas podem destoar totalmente do que planejaram para eles, mas isso jamais é motivo para frustrações, discussões ou atritos, muito pelo contrário.

É necessário ouvir os Filhos em suas escolhas, salvo aquelas que coloquem a vida do jovem e de outros em risco, fazendo com que os mesmos sejam totalmente responsáveis pelas escolhas, uma vez tomadas decisões de seguir determinado caminho. Orientar, jamais doutrinar, os Filhos em decisões próprias e conscientes faz com que eles adquiram autoconfiança e respeito por si mesmos, tendo sido suas escolhas respeitadas, tornando o jovem responsável por si, perante as pessoas e perante sua vida.

Quando um jovem segue triunfante seu caminho, palmilhado por suas escolhas conscientes e responsáveis, tendo sido as mesmas respeitadas por seus Pais, daí lhe advém o melhor incentivo para a realização pessoal e a Felicidade, objetivo da humanidade, segundo o Dalai Lama.

O Amor Filial, por intermédio do respeito demonstrado pelos Filhos em relação aos Pais, permite que um jovem cresça em consciência e antes mesmo de atingir a maioridade demonstre o que será quando adulto: alguém que pode dar respostas rápidas, eficazes e eficientes, no tocante a tornar Feliz a Humanidade, muito mais por seus belos exemplos, alguns silenciosos, do que por discursos exaltados, ou promessas vazias, feitas por aqueles que mais falam do que praticam seus discursos.

Ao amarmos nossos Pais estamos amando a nós mesmos, pois somos a continuidade deles, portadores de muito mais características oriundas de nossos progenitores do que imaginamos, sendo que as mesmas se evidenciarão com o tempo e então perceberemos que não somos tão diferentes de nossos Pais quanto pensávamos ser em nossos "anos rebeldes".

Rebeldia é uma fase importante da adolescência, mas é importante entender que existem dois tipos de rebelde: o primeiro se rebela positivamente, por causa da desenvoltura de sua Consciência Elevada, e seus atos, mesmo que não entendidos de início, quase sempre acabam gerando boas coisas para todos ao seu redor, que contribuem com seu próprio Autoconhecimento e evolução; o segundo tipo de rebelde, normalmente sem causa, se rebela sem saber o porquê, muito menos para quê. Não tem um objetivo, não quer nada com nada e o que orgulhosamente julga como sendo rebeldia, em verdade não passa de criancice, imaturidade e excesso de mimo. Com o passar do tempo acabam caindo em si, sendo que os mais conscientes passam a nutrir um grande remorso pelo que fizeram seus Pais passarem com sua rebeldia, não sendo o arrependimento e o perdão, que com certeza lhes será dado pelos Pais, raros de acontecer aos de coração suficientemente humilde e sinceros consigo mesmos para admitirem seus erros. Já aqueles, menos conscientes, que continuam insistindo em sua rebeldia sem causa, não ouvindo ninguém e achando que sabem tudo, sendo que nem ao menos começaram a estudar, principalmente estudar a si mesmos, colherão frutos muito amargos por seus atos impensados. Sempre peço ao Pai Celestial para que livre os De Molays desse comportamento e que eles sejam rebeldes sim, mas Rebeldes Sábios, verdadeiros Guerreiros/Poetas, que escreverão novas páginas inspiradoras da História da Humanidade, que é a História de todos nós. A esses Jovens, meu eterno respeito, amizade e gratidão.

Sempre concluirei estes capítulos, relativos às Virtudes Cardiais, com alguns tipos de experimentos e práticas, a fim de que os Sobrinhos entendam que informação é importante, mas o que realmente muda o ser humano são as práticas, uma vez que aqueles que as praticam não esquecem jamais os ensinamentos teóricos e sabem como legar o que aprenderam e praticaram ao próximo. Assim, vamos lá:

Experimento 1 – Pais e Filhos: uma Eterna Comunhão

Materiais Necessários:

– 1 pequeno gongo, sino tibetano ou sino comum, podendo esses materiais ser encontrados em casas e espaços culturais, que se dedicam às terapias alternativas, Yoga, Meditação, etc. Hoje em dia também é prático e poupa muito tempo pesquisar, comparar preços e encomendar esse material pela internet;

– 1 castiçal, que seja bem seguro e onde uma vela possa ser fixada com estabilidade;

– 1 vela branca;

– 1 taça de vidro, de preferência transparente e nunca usada antes, sem desenhos ou emblemas;

– 1 incensório de varetas, que sustente o incenso verticalmente;

– 1 caixa de Incenso de Rosa Vermelha;

– 1 pedra encontrada em meio ao campo, ou um cristal de quartzo transparente, de preferência bruto;

– 2 pequenos porta-retratos, um contendo a foto da Mãe e outro contendo a foto do Pai;

– 1 pequena toalha, ou pano branco, para dispor os objetos em cima;

– 1 abafador para a vela;

– 1 bússola;

– 1 caixa de fósforos;

– água potável, o suficiente para encher a taça, mas não até o limite da borda.

Preparando o Altar (de Preferência no Quarto de Dormir)

O Altar pode ser erigido em uma pequena mesa, ou até mesmo no criado-mudo, ao lado da cama, evitando-se montá-lo próximo a janelas ou portas, para que lufadas de ar não apaguem a vela, ou perigosamente a façam tombar. Tome todas as precauções necessárias para evitar acidentes, ok?

Estenda a toalhinha, ou pano branco, sobre o móvel escolhido para preparar o altar dispondo os objetos da seguinte maneira:

– Colocar no centro da toalha os dois pequenos porta-retratos do Pai e da Mãe (obs.: caso os porta-retratos não sejam muito grandes, podendo até mesmo ser fotos um pouco maiores do que 3x4, é possível acrescentarmos fotos de nossos Avós, maternos e paternos, uma vez que Honrar os antepassados também faz parte do Amor Filial, sendo uma grande demonstração de respeito à nossa Linhagem, nossa descendência e origem familiar);

– Ao Sul dos retratos dispor o castiçal, com a vela bem fixada ao mesmo, para representar o Elemento Fogo e o Plano Espiritual, mas não acendê-la ainda;

– Ao Oeste dos retratos, dispor a taça contendo água potável até a metade, pelo menos, para representar o elemento Água e o Plano Emocional;

– Ao Leste dos retratos, dispor o incensório e deixar uma vareta fixada ao mesmo, para representar o Elemento Ar e o Plano Mental, mas não acendê-la ainda;

– Ao Norte dos retratos, dispor a pedra, ou o cristal de quartzo, representando o Elemento Terra e o Plano Material;

Obs.: *As representações dos Quatro Elementos por meio da vela, da taça, do incenso e da pedra, ou cristal, nos faz recordar que os mesmos sempre fizeram parte das grandes Iniciações, desde as Antigas Civilizações, e que aquilo que estamos fazendo tem repercussões não apenas no plano material, bem como nos planos mental, emocional e espiritual.*

– Caso o praticante esteja trabalhando com retratos e fotos de seus antepassados, os Avôs, materno e paterno, deverão ficar junto à foto de seu Pai e as Avós, materna e paterna, deverão ficar junto à foto da Mãe.

Preparando Você para o Experimento

1 – Deixe o Altar montado, mas nada aceso ainda, como citado na Preparação do Altar;

2 – Tome um banho, para representar sua purificação exterior. Deixe um incenso queimando fora do boxe, com as janelas do banheiro abertas, para evitar problemas respiratórios. Lembre-se: quando

usar incenso, o ar deve sempre circular ao seu redor. O incenso que se deixa queimando no banheiro tem a função de purificá-lo, sendo esse um local de descarga energética, e evita que após sua saída de seu banho de purificação miasmas astrais, impurezas sutis e cascões energéticos retornem a você novamente;

3 – Passar pela cozinha e ingerir um copo de água potável, de preferência não da torneira, para representar seu desejo de purificação interior;

4 – Quanto às vestimentas, você pode usar sempre o branco. Em dias frios uma calça clara, branca de preferência, uma camiseta branca e um agasalho claro por cima está ótimo. Nos dias quentes, pode usar uma bermuda, camiseta branca e ficar sem meias.

O Experimento

1º) Retornando ao quarto, dirija-se ao altar previamente montado para a prática e sente na cadeira defronte ao mesmo;

2º) Acenda o incenso fixando-o em um porta incenso, localizado a Leste;

3º) Sua postura na cadeira deve ser com as costas restas e bem apoiadas no encosto da mesma, devendo os ombros permanecer relaxados, enquanto as mãos repousam sobre suas coxas, com as palmas voltadas para baixo. Os pés devem permanecer paralelos, tomando-se o cuidado para que os mesmos, ou seus joelhos, não encostem no altar;

4º) Feche os olhos e realize três profundas respirações inspirando o ar, retendo o mesmo por alguns segundos nos pulmões e depois expirando calma e tranquilamente, de preferência sem fazer aquele barulho quando expiramos o ar pela boca ou pelo nariz. Deve-se inspirar sempre pelo nariz e expirar pelo nariz, ou pela boca, como você se sentir melhor. Nas práticas respiratórias, respeite sempre seus limites pulmonares, nunca os excedendo, ainda mais se você tiver algum problema respiratório. Lembre-se de que a respiração deve lhe trazer, quando bem executada, uma sensação de relaxamento muscular e serenidade mental. Caso você sinta alguma tensão, incômodo ou dor, algo está errado, sendo interessante procurar um médico e profissionais capacitados, que poderão lhe orientar como respirar corretamente, uma vez que a respiração é à base da vida. Respeite sempre seus limites e procure ampliá-los somente com orientação técnica de um profissional responsável, em quem seus Pais, ou responsáveis, confiem plenamente, pois com saúde e Qualidade de Vida não se brinca;

5º) Após ter executado de três a sete respirações profundas, como ensinado anteriormente, adote um ritmo de respiração natural, sereno e tranquilo, não havendo mais necessidade de reter o ar nos pulmões. Apenas inspire e expire naturalmente o ar, em silêncio, procurando sentir o aroma do incenso, bem como a paz, o equilíbrio e a harmonia que esse momento lhe traz. Permaneça alguns poucos minutos nesse estado de espírito;

6º) Abra os olhos, acenda a vela posicionada ao Sul e contemple por alguns poucos instantes sua chama;

7º) Toque o congo (sino) três vezes, em Honra da Trindade existente em praticamente todas as Religiões do mundo. Tocar o pequeno gongo, além de reverenciar as Trindades, nos faz recordar que o que faremos repercutirá nos três planos, a saber: físico, mental/ emocional e espiritual. Por meio do som das três batidas, é como se estivéssemos nos apresentando e ao mesmo tempo chamando a atenção da Alta Invisibilidade, agora que vamos passar da ação física para a ação extrafísica, uma vez que um Ritual somente tem validade quando começa, em primeiro lugar, a ser perpetuado em nosso interior, visando acessar os Planos Internos e Superiores da Consciência. É justamente esse tipo de postura e consciência, quando estamos lidando com Rituais, que os impedem de serem fórmulas vazias, ou mera metodologia mecânica repetitiva;

8º) Reze, pausadamente, um Pai-Nosso:
Pai Nosso, Que Estais nos Céus,
Santificado Seja O Vosso Nome,
Venha a Nós o Vosso Reino
Seja feita a Vossa Vontade
Assim na Terra, como no Céu
O Pão Nosso de cada dia
nos Dai hoje,
Perdoai as nossas Ofensas,
assim como perdoamos os
que nos têm ofendido, e não

nos deixeis cai em tentação,
mas Livrai-nos do mal.
Amém!

9º) Reze uma Ave-Maria, procurando ter o Coração Aberto e se sentindo acolhido pelo Infinito Amor de Nossa Senhora:

Ave, Maria, Cheia de Graça
O Senhor é Convosco
Bendita Sois Vós entre as mulheres
E Bendito é o Fruto do Vosso Ventre: JESUS!
Santa Maria, Mãe de Deus
Rogai por nós, Filhos e Filhas de Deus
Agora e na hora de nossa vitória
Sobre o pecado, a doença e a morte.
Amém!

10º) Reze a Oração do Anjo da Guarda, tendo seus olhos fechados e visualizando seu Anjo da Guarda atrás de si, com suas níveas, porém poderosas asas abertas e tendo a mão esquerda dele sobre seu ombro esquerdo, enquanto o mesmo irradia uma intensa Luz Dourada sobre seu ser:

Santo Anjo do Senhor
Meu Zeloso Guardador
Já que a Ti me confiou
A Piedade Divina
Sempre me rege
Guarda, Protege
E Ilumina.
Amém!

11º) Abra os olhos e olhe para o retrato do seu Pai e dos seus antepassados masculinos, por alguns instantes, depois torne a fechar os olhos suavemente, até que ambas as pálpebras estejam completamente cerradas;

12º) De olhos fechados, se visualize (crie uma imagem mental) dentro de um círculo dourado e coloque dentro do mesmo, junto com você, seu Pai à sua frente e atrás dele todos os seus antepassados masculinos; do seu peito visualize um facho de luz azul saindo do mesmo e chegando ao centro de peito do seu Pai; de seu Pai, esse facho de luz azul começa a se conectar, também, a todos os seus antepassados masculinos, para que você esteja conectado à sua Linhagem, mesmo aos antepassados que não conheceu quando estavam vivos;

13º) Uma vez estabelecida a conexão com sua ascendência masculina, olhe para seu Pai e o veja sorrindo enquanto ele também o contempla. Nesse momento, estabeleça um diálogo mental com seu Pai e agradeça por toda essa Força Paterna que está sempre presente lhe transmitindo força e o sustento físico, ou inspirador, que lhe permite vencer os desafios e provas do dia a dia. Caso esteja com relações estremecidas com seu Pai, peça perdão pelas transgressões cometidas, ou entendimento por parte dele, caso o erro não tenha sido seu. Caso seu Pai esteja passando por momentos difíceis, em qualquer área da vida, peça ao Pai Celestial para que o sustente, fortaleça sua vontade, dando-lhe forças e coragem para continuar lutando e peça à Providência Divina que Manifeste o auxílio e a solução imediata para o problema que seu Pai estiver atravessando. Enfim, use esse momento para abrir seu coração e externar todo o Amor que sente por esse Homem Especial, Amigo de todas as horas, sem o qual você não estaria aqui. Para concluir, caminhe até seu Pai e abrace-o sincera e fortemente, sendo abraçado não só por ele mas, também, por todos os seus antepassados masculinos, aos quais prometerá continuar sendo mais um elo forte e digno de representar essa Família, de forma honrada, sempre. Peça as Bênçãos de seu Pai e de seus antepassados masculinos, para que eles estejam sempre com você, protegendo-o de qualquer tipo de mal e orientando sobre as melhores atitudes a serem tomadas nos caminhos dessa vida;

14º) Abra os olhos e volte a comtemplar o altar por alguns instantes, mantendo a respiração serena e tranquila, sentindo-se muito feliz e satisfeito pela conexão paterna bem-sucedida;

15º) Contemple por alguns instantes o quadro de sua Mãe e de seus antepassados femininos, fechando os olhos após isso;

16º) De olhos fechados, se visualize (crie uma imagem mental) dentro de um círculo dourado e coloque dentro dele, junto com você, sua Mãe, à sua frente e atrás dela todos os seus antepassados femininos; do centro de seu peito visualize um facho de luz rosa, a cor do Amor Incondicional, saindo do mesmo e chegando ao centro do peito de sua Mãe; de sua Mãe, esse facho de luz rosa começa a se conectar, também, a todos os seus antepassados femininos, para que você esteja conectado a sua Linhagem, mesmo aos antepassados que não conheceu quando estavam vivos;

17º) Uma vez estabelecida a conexão com sua ascendência feminina, olhe para sua Mãe e a veja sorrindo enquanto ela também o contempla. Nesse momento, estabeleça um diálogo mental com sua Mãe e agradeça por toda esse Amor Materno que está sempre presente lhe transmitindo acalento e a ternura física, ou inspiradora, que lhe permite equilibrar seu lado emocional e sentir-se plenamente amado. Caso esteja com relações estremecidas com sua Mãe, peça perdão pelas transgressões cometidas, ou entendimento por parte dela, caso o erro não tenha sido seu, lembrando-se sempre de que o Amor Materno é maior. Caso sua Mãe esteja passando por momentos difíceis, em qualquer área da vida, peça à Mãe Celestial, Nossa Senhora, para que a ampare, ilumine seu coração, dando-lhe Amor e Serenidade para continuar vivendo, e peça à Providência Divina que Manifeste o auxílio e a solução imediata para o problema que sua Mãe estiver atravessando. Enfim, use esse momento para abrir seu coração e externar todo o Amor que sente por essa Mulher Especial, sua Senhora de todas as horas, sem a qual você não estaria aqui. Para concluir, caminhe até sua Mãe e abrace-a sincera e fortemente, sendo abraçado não só por ela mas, também, por todos os seus antepassados femininos, aos quais prometerá continuar sendo mais um elo forte e digno de representar essa Família, de forma honrada, sempre. Peça as Bênçãos de sua Mãe e de seus antepassados femininos, para que os mesmos estejam sempre com você lhe resguardando de qualquer tipo de mal e o orientando sobre as melhores atitudes a serem tomadas nos caminhos dessa vida;

18º) Após mais alguns momentos sentindo o amparo de sua Mãe, abra seus olhos e encerre a prática sentindo o vibrar do Amor Filial, que une Pais/Mães e Filhos muito além das fronteiras do tempo, do espaço e da ilusão, conhecida pelo nome de morte. Lembre-se de que no Plano da Alma não existem fracassos, tendo sido sua conexão com seus Progenitores, bem como com sua ascendência familiar, plenamente bem-sucedida, não importando onde seus Pais se encontram, pois a conexão mental vibra em todo o Universo e conecta todos os seres e coisas;

19º) Toque, novamente, três vezes o gongo, ou sino; abafe a vela, podendo utilizar a mesma na próxima comunhão com seus pais e deixe o incenso queimar até o final, caso ele ainda não tenha acabado.

20º) Após deixar seu quarto, tenha consciência de que você está retornando de um Plano muito sublime e sutil de consciência, tendo sido abastecido energética e espiritualmente pela força das imagens com as quais trabalhou, somadas aos sentimentos de gratidão aos seus pais, que acabou inserindo nas mesmas.

Como você está nutrido por bons pensamentos e sentimentos, o desejo de um Eu bem nutrido deve ser, sempre, o de nutrir o próximo, ainda mais quando "o próximo" são nossos próprios pais.

Assim, deixando o quarto, busque-os e lhes dê um forte abraço, procurando transmitir-lhes toda essa Energia da Gratidão, que você carrega consigo. Não se esqueça de passar esse experimento para seus filhos e para os filhos de seus filhos, a fim de que essa Tradição comece a ser perpetuada em sua Família, ao longo das gerações vindouras, unindo sua Família pelos laços do Amor Filial, *ad Aeternum*.

Capítulo 7

A Reverência pelas Coisas Sagradas

"Sagrado é tudo aquilo que o conduz ao Autoconhecimento, sem o qual a Felicidade não pode existir."

Alexandre Garzeri

A Segunda Virtude Cardeal, que orienta a vida de um jovem da Ordem De Molay, é a "Reverência pelas Coisas Sagradas" ou "Reverência ao Sagrado".

Tanto a Maçonaria como a Ordem De Molay não são religiões, assemelhando-se mais a uma Filosofia de Vida. Respeitamos todas as religiões, crenças e credos existentes, desde os praticados por milhões de pessoas ao redor do mundo, bem como aquela Fé exercida por um Fiel solitário, que busca seu Religare, como um verdadeiro Devoto no Santuário da Fé, que se oculta dentro de si mesmo abrigando nesse Santuário íntimo o Deus de seu coração e de sua compreensão.

Em um mundo que está se tornando cada vez menor, em razão da quantidade de seres humanos encarnada na Terra ao mesmo tempo, é fundamental a tolerância religiosa e o respeito à crença de cada um, pois caso isso não se dê se torna impossível viver em Paz e sentir que somos todos partes de uma só e da mesma Família Universal.

Ainda que para o ingresso, tanto na Maçonaria quanto na Ordem De Molay, seja exigido do candidato que pleiteia o mesmo a Crença em Deus, o que exclui os ateus de nossos quadros, entendemos que cada pessoa acredita em Um Deus que Lhe fala mais alto ao coração e Ao Qual ela consegue compreender e apelar para o mesmo seja nos momentos difíceis, ou nos momentos de extrema felicidade e gratidão, por algo auspicioso alcançado em sua vida. Independentemente de como a pessoa nomeie Deus, o que importa é entendermos que ela deve sempre ser respeitada em sua crença e formas de contatar o Sagrado, mesmo que difiram de nossa maneira pessoal de comungar com a Divindade, pois Deus é um só, mas infinitos são os Caminhos pelos quais podemos chegar a Ele, sendo todos oriundos de uma mesma Fonte Divina.

Os dois Caminhos mais conhecidos pelo gênero humano de contatar o Sagrado são:

As Religiões

Segundo uma definição da Ordem Rosacruz AMORC (*Antiga e Mística Ordem Rosae Crucis*), podemos definir as Religiões como "Caminhos de Crença", em que estão presentes os seguintes itens comuns a todas elas:

O Livro Sagrado – Livros Divinamente inspirados, que servem para nortear a vida do fiel, servindo-lhe de amparo, consolo e inspiração nos momentos de aflição, oração, meditação, reflexão e celebração do Sagrado, em virtude de uma Graça alcançada. Os textos contidos nas Sagradas Escrituras, bem como a narrativa a respeito da vida e dos feitos dos personagens presentes nas mesmas, servem para alicerçar a Fé por meio de Palavras de Poder, passagens Iluminadas e o exemplo edificante da vida virtuosa de Profetas, Mestres, Messias, Avatares, Santos e Iluminados encontrados em todas as Religiões.

Exemplos de alguns Livros Sagrados: Bíblia (**Cristianismo**); Torá (**Judaísmo**); Alcorão (**Islamismo**); Vedas (**Hinduísmo**); Sutra, Tripitaka (**Budismo**); Livro das Sombras, próprio de cada Wiccan (**Wicca**); Kojiki e Nihon Shoki (**Xintoísmo**); Tao Te Ching (**Taoismo**); O Evangelho Segundo o Espiritismo (**Espiritismo**); Kitab AL-Aqdas (**Bahaísmo**).

O Dogma – Preceitos que existem nas Religiões e que são tidos como indiscutíveis. Os Dogmas são princípios fundamentais conhecidos pelo adeptos de uma Religião, cujo simples questionamento, dependendo da Religião, pode levar a reprimendas da cúria dominante, afastamento do fiel, sendo que em religiões mais extremistas, a não aceitação de seus dogmas passa a ser vista como heresia e motivo de condenação tanto nesta como na outra vida.

Evidentemente que, com o passar do tempo e com a evolução da consciência do gênero humano, vários dogmas, em todas as religiões, começaram a ser questionados nas últimas décadas e alguns interpretados à luz de uma nova leitura, sem perder a essência dogmática, mas reavaliando-a de um ponto de vista mais tolerante, sob pena da perda de fiéis que vemos todos os dias em religiões que não evoluíram com a passagem dos anos, insistindo em manter os fiéis atados a elas por conta do medo em castigos divinos e danação eterna, destino dos que não se submetem, sem questionamentos, aos dogmas impostos.

Durante séculos, algumas posições dogmáticas de certas religiões impediram até o progresso e o avanço da ciência, não sendo poucos os casos de cientistas e alguns gênios da humanidade que acabaram sendo perseguidos e até executados, por não abrirem mão de suas descobertas e novos postulados científicos, que contrastavam com os dogmas impostos. Felizmente essas eras de obscurantismo, fanatismo, perseguições e superstição estão sendo deixadas para trás, com o amadurecimento do próprio pensamento religioso, e quem ganha com isso é a Evolução do próprio gênero humano, que não esquece sua Fé, mas nos anos vindouros precisa aprender a mesclá-la sob a Luz da Razão e do bom senso.

A Liturgia – Liturgia é a forma como os fiéis de uma religião a celebram e vivenciam durante um culto religioso. Isso inclui rituais predefinidos, segundo a Tradição de uma Religião, orações, sermões, cânticos, homilia (comentário sobre um texto do Evangelho, lido em meio ao serviço religioso), entre outras práticas religiosas, que variam de Religião para Religião.

Quando analisamos a origem grega da palavra Liturgia, encontramos como significado *"serviço público"*. Isso é bem interessante, pois as *Religiões de Mistérios*, na Grécia antiga, eram verdadeiros Festivais que atraíam o público para vivenciar o Sagrado por meio de representações teatrais, o que coloca o Teatro, em sua origem grega, como uma forma de culto para honrar os Deuses, ou passar ensinamentos morais, iniciáticos, místicos e esotéricos, como acontecia na representação dos *Mistérios de Elêusis*, que versavam sobre os mistérios da Natureza, os ciclos das estações, a História das Deusas Deméter e Perséfone, cuja jornada era transmitida somente aos candidatos considerados dignos à Iniciação nos *Mistérios Eleusinos*.

Dentro de diversas denominações religiosas Cristãs, como o Catolicismo, a Igreja Ortodoxa, a Igreja Presbiteriana, a Igreja Batista, a Igreja Metodista, o Anglicanismo e o Luteranismo, a Liturgia é tida como indispensável e obrigatória, uma vez que nessas Religiões o culto de adoração a Deus se dá pela Liturgia, que é praticada junto aos demais fiéis como, por exemplo, em uma Missa, sendo que em algumas dessas Religiões os fiéis têm à sua disposição Liturgias menos elaboradas, que podem ser praticadas em seus lares servindo de inspiração e enlevo para suas almas no dia a dia.

A Liturgia também está presente nas Religiões Orientais, sendo que, em algumas delas, o serviço religioso é extremamente prático e vivenciado profundamente na vida cotidiana, no trato com as pessoas e até mesmo no mundo corporativo e nos negócios, o que define os devotos de certas linhas religiosas do Oriente pelo termo *praticantes*, por causa da integralidade com a qual procuram praticar a Religião em todos os momentos de suas vidas, buscando não se desfocar nem descumprir os preceitos contidos nela.

Profetas, Santos, Mestres, Messias Iluminados e Avatares – Presentes em todas as religiões, esses seres humanos divinamente inspiradores, essencialmente iguais a nós, representam exemplos de Perfeição a serem seguidos, sendo sua Sabedoria, Amor Incondicional e Consciência Desperta testemunhos da Presença Divina em nosso meio, quando eles estiveram encarnados aqui na Terra.

Poderíamos citar milhares de exemplos de Seres Iluminados, de Consciência Desperta, mas isso tomaria um livro inteiro, quiçá uma enciclopédia, então nos ateremos a Alguns Deles, mas aceitamos e respeitamos todos Os Iluminados que já pisaram na Terra, bem como a Fé de seus devotos e seguidores:

Krishna

"Tanto eu como vós temos tido vários nascimentos. Os meus só de mim são conhecidos, porém vós nem mesmo os vossos conheceis. Posto que, por minha natureza, eu não esteja sujeito a nascer e a morrer, todas as vezes que no mundo declina a Virtude, e que o vício e a injustiça a superam, torno-me então visível; assim me mostro, de idade em idade, para salvação do justo, para castigo do mau e para restabelecimento da Verdade.

Desvelai-vos os Grandes Segredos. Não os digais senão àqueles que os podem compreender. Sois os meus Eleitos: vedes o alvo, a multidão só descortina uma ponta do caminho."

Buda

*"A Lei da Mente é implacável.
O que você pensa, você cria;
O que você sente, você atrai;
O que você acredita, torna-se realidade."*

Salomão

*"Consagre a Iaweh tudo o que você faz,
e os seus planos serão bem-sucedidos."*

Jesus

"Amarás ao Senhor teu Deus de todo o teu coração, de toda a tua alma e de todo o teu entendimento. Esse é o maior e o primeiro Mandamento. O segundo é semelhante a esse: Amarás o teu próximo como a ti mesmo. Desses dois Mandamentos dependem toda a Lei e os Profetas."

Maomé

"A verdadeira riqueza de um homem é o bem que ele faz neste mundo."

Confúcio

"Coloque a Lealdade e a Confiança acima de qualquer coisa; não te alies aos moralmente inferiores; não receies corrigir teus erros."

As Ordens Iniciáticas

Como um segundo caminho, pelo qual as pessoas podem reverenciar o Sagrado, falaremos um pouco agora sobre as Ordens Iniciáticas, mais conhecidas pelo grande público leigo, em geral, como Sociedades Secretas.

Diferentemente do primeiro Caminho abordado para Reverenciar o Sagrado, as Religiões, as Ordens Iniciáticas não são um Caminho de Crença, cuja função é alicerçar a Fé do devoto, que muitas vezes trilha essa via sem fazer qualquer tipo de questionamento. Logo no início da jornada em meio às Sociedades Secretas mais Tradicionais, o que encontramos é justamente a necessidade do questionamento, por meio de três famosas questões existentes dentro de qualquer contexto Iniciático sério: "Quem Eu Sou? De Onde Eu vim? Para onde Eu vou?".

Como podemos ver, por meio das questões citadas, a Via Iniciática é um convite à descoberta de si mesmo, que não se dá sem uma profunda autoanálise, auto-observação constante e prática do Autoconhecimento, que seria a tomada de consciência do ser humano em relação aos seus infinitos potenciais internos, que quando aplicados na vida cotidiana podem lhe trazer Felicidade e Qualidade de Vida, em todos os sentidos e níveis de sua existência.

Ordens Iniciáticas são *Sendas de Conhecimento (Gnosis),* sendo a Gnose, a qual guardam zelosamente por meio de Símbolos e Alegorias, apenas decifrada por aqueles que se dedicam aos estudos, têm presença nas reuniões, estão total e conscientemente presentes em meio aos Rituais e praticam no dia a dia o que aprendem veladamente, em meio a outros Iniciados, demonstrando, muito mais pelos bons exemplos do que pelas palavras, a mudança positiva, que pode ser vista por todos os que convivem com o Verdadeiro Iniciado, já poucos meses após sua Iniciação, nome que damos ao ingresso formal em uma Ordem.

Aliás, uma das funções das Ordens Iniciáticas é transformar para melhor o ser humano que buscou esse caminho, pois de que adianta adquirir novos conhecimentos, conhecer a si mesmo e ter uma vasta cultura Tradicional e Iniciática, desde que obviamente tenhamos estudado, se tudo isso não produzir uma mudança significativa e positiva em nosso ser? Melhor seria que não tivéssemos almejado adquirir o Conhecimento dos Mistérios, do que possuí-lo apenas em nível intelectual, mas não praticá-lo para nossa melhoria como ser humano, muito menos aplicá-lo em nossa vida cotidiana visando tornar feliz a humanidade. Em matéria de conhecimento e Sabedoria existe uma máxima inquestionável: "A quem muito é dado, muito será cobrado".

A palavra Segredo está associada às Sociedades Secretas, Ordens Iniciáticas, Herméticas e Esotéricas, desde que elas foram criadas na aurora dos tempos. Hoje em dia muitos dizem que não existem mais segredos, não sendo raro esse comentário até entre membros das Sociedades Secretas. Sempre com respeito a todas as opiniões emanadas de meus(minhas) Irmãos(ãs) de Ordens sobre esse assunto, externo aqui meu ponto de vista, ainda que um pouco diferente dos que acreditam não haver mais segredos.

O Segredo, o secreto, sempre esteve associado ao Mistério, mas: o que é Mistério?

Caso perguntássemos a um não Iniciado nos Mistérios sobre os mesmos, ele diria que Mistério é algo fantástico, estranho, fora do comum, extraordinário, podendo algumas pessoas se encantar com eles e outras temê-los fortemente, evitando qualquer tipo de contato com o tema. Esses comportamentos explicam por que tanto os leigos como até mesmo alguns Iniciados, que não estudam, não têm a menor noção com relação ao real significado da palavra Mistério.

Nos tempos antigos, bem como nas Antigas Escolas de Mistérios do Egito, de onde são oriundas as bases de muitas Religiões e Ordens Secretas do Ocidente, a palavra Mistério significava uma Sabedoria que só era passada àqueles que davam sinceras provas de um desejo de evolução, como seres humanos, antes mesmo de serem admitidos às Ordens.

Essa Sabedoria, essa Gnose Secreta, permitia ao Iniciado por meio de exercícios, experimentos e práticas Místicas, uma maior abertura da consciência, bem como o adquirir de certos poderes, que o não Iniciado consideraria como milagrosos, ou dons exclusivos, relativos a seres muito especiais, uma visão totalmente errada, pois não existe essa história de "Dom" e sim muito estudo, muito trabalho e muito esforço combinados, que nos permitem aflorar nossos naturais potenciais internos, que são os verdadeiros responsáveis pela realização de certas coisas que parecem impossíveis, aos olhos dos leigos, céticos e de todos aqueles que não se autoconhecem.

Conhecimento é Poder ontem, hoje e sempre, o que explica por que os Iniciados de outrora guardavam zelosamente sua Sabedoria Secreta, a fim de que a esta não caísse nas mãos dos indignos de possuí-la visando à realização de seus fins mesquinhos, vis e egoístas. Sempre que a Sabedoria Iniciática foi descoberta e praticada por aqueles desprovidos de caráter, moral e cujos objetivos eram torpes e questionáveis, pessoas sofreram por causa disso, o que constituiu uma grande tragédia, uma vez que o Conhecimento Hermético serve para orientar, elevar e transcender os impulsos de uma condição meramente instintiva, rumo à percepção de que somos seres dotados de uma Essência Divina, que deseja o melhor para nós, bem como para todos os nossos irmãos e irmãs na Terra.

As portas das Sociedades Secretas jamais estiveram e jamais estarão fechadas a todos aqueles que aspiram passar por elas pelos motivos corretos.

Ainda que, hoje em dia, os Caminhos para a Iniciação estejam mais visíveis e acessíveis, se engana aquele que pensa que, simplesmente por ter sido Iniciado, isso já é o suficiente para que tenha acesso aos Grandes e Reais Mistérios, que somente continuam sendo transmitidos, na hora certa, aos que demonstraram uma evolução em si mesmos, aplicada à evolução do todo ao seu redor, em suas vidas cotidianas fora das Ordens.

Não é a Ordem, não são os já Iniciados, nem mesmo os Ensinamentos Secretos, quando entendidos apenas em teoria, que transformam alguém em uma pessoa melhor. As Ordens, ao acolherem alguém em seu meio, estão dando uma oportunidade de real evolução baseada nos estudos, na prática das Virtudes, usos e costumes relativos a cada Tradição e por meio da qual o recém-chegado, de acordo com sua dedicação e com o passar do tempo, bem aplicado, vai mudando para melhor por sua própria força de Vontade, esforços, comprometimento, disciplina e uma consciente decisão, que aponta rumo a um estágio mais evoluído de vida, quando o mesmo percebe a que ponto chegou, depois de alguns anos na Ordem, quando comparado ao momento em que ingressou nela.

Verdadeiros Iniciados sabem que essa palavra, Iniciado, representa apenas aquele que acaba de iniciar um caminho, não sendo garantia de que a pessoa o concluirá, nem ao menos chegará até sua metade. Tudo depende de como o membro da Ordem se comportar tanto dentro como fora das paredes do Templo.

O Iniciado pratica a humildade, nunca se vangloriando de que está mudando para melhor, mas deixando com que os outros percebam e falem isso, o que é sempre respondido com mais atitudes e exemplos, que inspiram as pessoas ao redor do Iniciado a serem melhores e também tomarem o rumo da Evolução de suas consciências.

No tocante ao que acaba de ser dito no parágrafo anterior, uma grande responsabilidade cabe aos Jovens De Molays: inspirar outros jovens a serem melhores Filhos, melhores Irmãos, melhores Amigos e melhores Seres Humanos do que têm sido. Como os Templários de outrora, que inspiram profundamente a Ordem De Molay, peço que meus Sobrinhos sejam verdadeiros Cavaleiros e, como os que os antecederam, protejam os jovens mais fracos, aflitos e desamparados lutando contra tudo o que há de mal nesse mundo e que tenta macular uma das fases mais bonitas da vida: a Adolescência.

Por meio de seus exemplos, meus Sobrinhos, lutem sempre pela Educação de qualidade, um direito de todos, e criem grupos, entre vocês, destinados a oferecer gratuitamente um reforço escolar aos jovens mais carentes para que eles também possam, como vocês, ter mais chances de progresso no futuro.

Jamais permitam que nenhum jovem sofra qualquer tipo de *Bullying*, pois é dever, incontestável, desde sempre, de qualquer Cavaleiro, independentemente da Ordem Cavaleiresca à qual pertença, lutar pelos mais fracos e hostilizados, que não podem se defender. Informem à Direção de Colégios, Faculdades, ou qualquer estabelecimento de ensino que frequentem, a fim de que essa prática hedionda, covarde e lamentável tenha fim e não cause mais vítimas.

Orientem os demais jovens a não se entregarem ao consumo descomedido de bebidas alcoólicas, proibidas para menores de 18 anos, por Lei, em nosso país, pouco importando se mais jovens e, infelizmente, até crianças estão começando a beber cada vez mais cedo, hoje em dia. O Iniciado não se furta de mostrar, por seu exemplo, o que está errado e não se cala, mesmo diante de um maior número de pessoas, pois tem ao seu lado a Fé, a Moral e a Razão para orientar e inspirar os demais na senda da Virtude e no Caminho do Bem. De Molays não se coadunam, jamais, com o que está errado, e reprovam aqueles que têm a famosa cultura do "Maria vai com as outras". Verdadeiros Iniciados e Líderes que são meus Sobrinhos De Molays fazem com que outros os sigam e os liderem para uma positiva tomada de consciência, a respeito do quanto um jovem pode ser útil, em um mundo que está se perdendo cada vez mais, por falta de bons exemplos. De Molays não são apenas um bom exemplo a ser seguido: em tudo que fazem são, sempre, o Melhor Exemplo que alguém poderia seguir.

E agora passemos à análise de alguns entre vários elementos que podem ser encontrados nas Ordens Secretas mais Tradicionais:

Iniciação – Damos o nome de Iniciação ao Ritual extremamente sério, formal e repleto de Simbologias, bem como investido de Poder, capaz de despertar, quando bem executado, o Iniciando para outros níveis de realidade, bem como para uma tomada de consciência, de que existe um profundo trabalho de reparação, regeneração e desenvoltura de potenciais a ser feito em seu interior.

Ordens Secretas não são clubes sociais, como alguns pensam hoje em dia, onde a simples indicação, pagamentos de taxas e presença em eventos sociais, comemorativos e filantrópicos já são suficientes para a pessoa ser considerada um bom membro de carteirinha do clube social a qual pertença. Nas Ordens Secretas, Iniciáticas, Herméticas e Esotéricas, a história é bem diferente, e confundi-las, ou querer torná-las um clube social, não apenas indica uma total falta de conhecimento a respeito das mesmas, bem como em certas Lojas, Capítulos, Círculos, Cenáculos, Priorados, Preceptórios, Fraternidades e Irmandades, que levam a Busca Espiritual e o Esoterismo a sério, esse comportamento, quando percebido, já veta o candidato de ingressar nessas estruturas, e caso já esteja dentro delas, o mesmo pode primeiramente ser advertido a estudar e rever seus conceitos ou, dependendo do tipo de organismo ao qual ele está afiliado, pode ser convidado a se retirar, ou ser expulso, sumariamente da Ordem, onde após se atingir certos Graus dentro da Hierarquia existente, certas confusões, ou tentativas de deturpações, são inadmissíveis e tratadas com rigor.

O ingresso em uma Ordem é um marco na vida da pessoa, um verdadeiro divisor de águas, que tem na Iniciação o momento mais significativo que marca essa mudança. Simbolicamente, a Iniciação representa a morte de nosso velho ser, o cessar do que éramos antes de optar por ingressar em uma Ordem com todos os nossos vícios, defeitos, imperfeições, pensamentos e atitudes negativas, a fim de que, após o ingresso nela, com o passar dos anos estudando e praticando toda uma Sabedoria que nos será passada, possamos fazer surgir um novo Ser que aspira ao Autoconhecimento, à prática das Virtudes, bem como à realização de bons pensamentos, palavras e ações que podem contribuir não só com nossa felicidade, mas também com a felicidade de todos ao nosso redor.

No momento em que uma pessoa é acolhida em meio a uma Ordem Iniciática, por meio de sua Iniciação Tradicional, é como se ela se tornasse mais um elo de uma corrente, que começou muito antes de si mesma e que agora, já na condição de membro Iniciado, ela é responsável por ampliar, bem como se comportar dignamente, dentro de sua nova condição.

A Iniciação, em qualquer Ordem, tem dois momentos distintos. No primeiro momento, o Iniciando é acolhido e lhe é concedida a oportunidade, caso ele se comporte de acordo com o esperado de, em um segundo momento, atingir a Iniciação Interior, ou Espiritual, sendo essa a Verdadeira Iniciação, que se dá dentro de cada um de nós e em momentos diferentes da vida de cada Iniciado, podendo alguns chegar a essa conquista da Iniciação Interna já no momento de sua entrada em uma Ordem, enquanto outros esperarão um pouco mais, chegando ao mesmo estágio ao longo de meses ou até mesmo anos, de acordo com o grau de comprometimento para com sua busca pelo Autoconhecimento, bem como o comprometimento com a Ordem, a Tradição representada pela mesma e a Egrégora, que só recebe em seu meio os que possuem um puro, real e sincero desejo de evolução.

Egrégora – A Egrégora é uma energia gerada pela repetição dos Rituais, pela união da Força do Pensamento dos Irmãos de uma Ordem, e pode estar intimamente associada a um lugar de culto ao Sagrado, ainda mais se nesse local Rituais são perpetuados sempre seguindo um mesmo cerimonial, o que explica por que quando entramos em um edifício dedicado a uma Religião, ou atividades de uma Ordem Secreta, o ambiente que sentimos, quando comparado ao exterior do local, é totalmente diferente de seu interior.

Existem Egrégoras que possuem milhares de anos, ao longo dos quais os fiéis de uma Religião, ou Adeptos da Tradição Esotérica, criaram, alimentaram e fortaleceram essa Egrégora perpetuando sempre os mesmos Rituais, Formas, Pensamentos, Palavras Sagradas, Posturas Corporais, Gestos e toda uma série de elementos cerimonias que, caso fossem alterados, comprometeriam violentamente a geração e a manifestação dessa energia, podendo a mesma se extinguir com o tempo e até mesmo se manifestarem resultados nocivos e perigosos para os Iniciados, pelo descumprimento das Regras, Juramentos, Preceitos e costumes Tradicionais.

Toda Ordem Secreta, sem exceção, inclusive a De Molay, possui uma Egrégora. Mas é importante diferenciar a Egrégora da Ordem da Egrégora das Lojas, Capítulos, Priorados, Comendadorias, Preceptórios, ou seja lá qual for o nome do organismo afiliado, ou associado a uma Ordem Secreta ou Tradição.

Ainda que cada Ordem tenha sua rica História, algumas milenares, bem como uma Egrégora muito bem definida, cada corpo afiliado a essa Ordem, pelo comportamento dos membros que constituem uma determinada Loja, Capítulo, Priorado, etc., possui sua Egrégora particular, que deve ser explicada antes mesmo do ingresso do novo membro na Ordem, o que torna muito mais fácil durante a Iniciação, desde que a mesma seja feita de maneira séria, evitando-se qualquer tipo de brincadeiras durante a recepção de um novo Iniciando, que a Egrégora o acolha e o mesmo se sinta não apenas envolvido por ela, mas preenchido, desde sua Iniciação, por essa energia que modifica completamente a pessoa que a recebe com a Alma elevada, o Coração aberto e a Mente direcionada à prática de todos os costumes e Tradições referentes ao Capítulo, no caso da Ordem De Molay, que está acolhendo o novo Iniciado.

Muitas vezes a Egrégora é sentida de uma forma muito sutil, um sentimento capaz de inspirar os que tomam parte nas Sociedades Secretas, que se faz presente assim que os Iniciados pisam no local em que se procedem as cerimônias. Em outros casos, quando a Ordem é extremamente antiga, ou o corpo afiliado e ela já possuem algumas décadas, às vezes séculos de existência, não é raro ouvir dos Iniciados mais antigos que a Egrégora se manifesta como um Ser, ou até mesmo vários, nutridos pela força conjunta dos pensamentos dos Iniciados.

Membros de Ordens que possuem a chamada Clarividência desenvolvida (também conhecida como Terceira Visão) frequentemente enxergam seres que estão intimamente associados à Egrégora de uma Tradição específica. De acordo com o nível de seriedade e de comprometimento do Membro da Ordem, para com seu Juramento e ensinamentos aprendidos, é possível que ele seja acompanhado permanentemente pela Egrégora, em qualquer lugar do mundo visível e até mesmo no plano espiritual, o que lhe gera uma sensação de conforto e proteção contínua. O privilégio desse sentimento é concedido somente aos Verdadeiros Iniciados, que levam sua Busca Espiritual muito a sério, sendo esta uma das principais prioridades de suas vidas.

Símbolos e Alegorias – Nas Sociedades Secretas a linguagem, por excelência, utilizada é a simbólica.

Nenhuma palavra escrita ou falada jamais terá o alcance universal que um Símbolo possui. Daí por que, desde o início dos tempos, Os Iniciados escolherem os Símbolos para transmitir e também ocultar seus ensinamentos, cujas Alegorias só podem ser decifradas por aqueles que estudam muito e as tentam compreender além de seu significado mais raso e superficial.

Todos os Símbolos Místicos, Esotéricos e Herméticos, que abundam em meio às Ordens Iniciáticas, Tradições, Religiões e Sistemas de Magia, sem exceção, são oriundos de nosso interior. Portanto, conhecer intelectualmente um determinado Símbolo e depois compreender seu significado profundamente, passando a praticar externamente, por meio de ações, e internamente, por meio da reflexão, as Virtudes associadas ao Simbolismo; esse comportamento nos conduz ao âmago de nosso Interior, onde se encontra a Verdadeira Verdade.

Em algumas Ordens, reparamos que nos primeiros graus relativos a elas, a simbologia é muito complexa. Com o passar dos tempos, ao nos elevarmos cada vez mais dentro da Hierarquia, podemos reparar que a simbologia vai ficando mais simples, podendo até escassear totalmente, quando atingidos os últimos graus de algumas Sociedades Secretas. Isso se explica pelo fato de que toda uma complexibilidade simbólica, existente nos primeiros graus, foi necessária para impressionar os sentidos físicos e extrafísicos de quem havia acabado de entrar para uma Ordem Iniciática, mas com o passar dos anos, à medida que esses Símbolos vão sendo compreendidos interiormente pelo Iniciado, este vai adquirindo um maior refinamento espiritual, o que lhe permite deixar toda essa simbologia que o ajudou a atingir esse estágio evoluído para trás, a fim de que futuros Iniciados, que virão muito tempo depois, se utilizem dos mesmos símbolos em sua jornada rumo ao Autoconhecimento e ao aperfeiçoamento espiritual.

Não é raro ouvirmos dizer que uma das maiores heranças, um dos maiores legados, que se transmitem dentro das Sociedades Secretas são os Símbolos e, portanto, eles jamais devem ser alterados, modificados ou adulterados, o que comprometeria seriamente todo um sentido e significado relativo a uma Tradição específica, sendo praticamente impossível se transmitir algum tipo de conhecimento, caso isso aconteça.

É dispensável dizer que todo aquele que não se aprofunda no estudo, interpretação, compreensão e aplicação prática dos Símbolos e Alegorias relativos às Ordens Iniciáticas está a perder seu tempo e se autoiludindo, em meio às mesmas.

Ritos, Rituais, Cerimônias e Juramentos – Nos dicionários, encontramos às seguintes definições:

Rito – *s.m.* **1** conjunto de regras e cerimônias praticadas em uma religião; **2** culto; **3** cerimônia que segue preceitos estabelecidos.

Ritual – *s.m.* **1** conjunto de ritos de uma religião e sua prática; **2** conjunto de regras a se seguir; **3** relativo a rito – **ritualístico** *adj.*

Cerimônia – *s.f.* **1** solenidade; **2** etiqueta, formalidade; **3** timidez.

Juramento – *s.m.* **1** declaração ou compromisso solene; **2** promessa; **3** fórmula usada para jurar.

Dentro do contexto Iniciático, as definições encontradas no dicionário não sofrem transformações, mas são interpretadas de forma diferente e ampliados seus significados, para um melhor entendimento dessas palavras.

O termo *Rito*, além de ser encontrado nas Religiões, também é utilizado em meio às Sociedades Secretas e até mesmo em algumas Filosofias de Vida.

Tomando a Maçonaria como um excelente exemplo, visando a um melhor entendimento da palavra Rito, temos a seguinte situação:

Maçonaria é o nome da Ordem à qual pertencem os Maçons. Ainda que a Essência da Maçonaria seja a mesma, podemos vivenciá-la de modos diferentes conhecidos pelo nome de Ritos Maçônicos. Mesmo com pontos Universais em comum que caracterizam um Rito como sendo Maçônico, os mesmos variam no tocante ao número de Graus; nomenclatura hierárquica; vestimentas e paramentações; ritmo e sequência cerimonial; maior ou menor número de símbolos e alegorias em seu contexto e toda uma série de detalhes que os tornam únicos, cada qual com suas peculiaridades e diferenças. É como se a Maçonaria fosse um Oceano e os Ritos Maçônicos, os rios que correm para o mesmo. Todos os Ritos conduzirão o franco-Iniciado à compreensão da Verdadeira Maçonaria, bem como à conclusão de sua Grande Obra, que será alcançada por diferentes vias, todas válidas, sublimes e repletas de Sabedoria.

Na Ordem De Molay, diferentemente do que ocorre na Maçonaria, não existem vários Ritos, ou seja, várias maneiras diferentes de vivenciá-la, ainda que a Essência da Ordem Maçônica seja uma só. Todos os De Molays compartilham as mesmas fórmulas, seguem as mesmas Virtudes, perpetuam os mesmos Rituais e Cerimônias, defendendo as liberdades Civil, Religiosa e de Pensamento, a fim de que possam vivenciar a Ordem em um uníssono equilibrado e harmonioso. Isso não quer dizer que todos os De Molays sejam iguais, muito menos os Capítulos, Priorados e Conventos, nome que damos aos organismos afiliados à Ordem e que a constituem. Ainda que pratiquem um mesmo Ritual, com sutis diferenças de abordagem e visão, entre os países, onde a Ordem se encontra estabelecida, o que torna a Ordem De Molay bela é o respeito à individualidade de cada Capítulo e a maneira como seus membros procuram estudar, interpretar e se aprofundar no Ritual e nas Cerimônias. Todos os Capítulos e demais organismos afiliados à Ordem De Molay possuem suas Tradições, peculiaridades, usos, costumes e diferenças, existentes desde a época da fundação dos organismos afiliados, e procurar conhecê-los e saber por quê, naquele organismo, as coisas se fazem de determinada forma é sinal de Sabedoria, demonstração de Cortesia e educação e mente aberta para conhecer novas abordagens e vivências a respeito de um mesmo tema: o Ritual nosso de cada dia.

A grandiosidade de uma Ordem não está em seu número de membros, mas na capacidade de cada membro ser um Livre-Pensador, Pesquisador e Buscador da Verdade. É no compartilhar de toda essa Sabedoria, entre os Sinceros Buscadores, que uma Ordem adquire grandeza infinita e imortalidade capaz de transcender o próprio tempo.

Já o termo *Ritual*, na maioria das Ordens, constitui um corpo muito específico de regras e procedimentos ritualísticos; protocolo e decoro, quando dentro de uma cerimônia; juramentos e obrigações; sequência, ritmo, dinâmica e desenvoltura dos trabalhos de uma reunião; explicação dos elementos simbólicos e a maneira de dispô-los dentro do local destinado às reuniões, no caso da Ordem De Molay, aqui no Brasil, normalmente Templos Maçônicos. Todas essas informações, em geral, se encontram contidas em um pequeno livreto, que recebe o nome de Ritual, podendo existir mais de um Ritual diferente para cada Grau Hierárquico que uma Ordem comporte, bem como livretos com explicações sobre Rituais Especiais.

Em um primeiro momento é necessário que estudemos e compreendamos completamente o Ritual, em sua forma objetiva, sem dar margem para interpretações diferentes das quais se encontram no livro. Após termos adquirido proficiência suficiente a respeito de todos os procedimentos ritualísticos, funções dos Oficiais e Cerimônias, aí sim podemos ampliar o estudo, principalmente sobre Símbolos, que apesar de serem os mesmos podem ser interpretados de diferentes formas em outras Ordens e Tradições. O conhecimento a respeito disso só traz benefícios aos que se dedicam a esse tipo de estudos, onde além de saberem o significado de um determinado símbolo na Tradição na qual foram Iniciados, os estudantes podem ampliar suas mentes visando conhecer um mesmo símbolo sobre outro ponto de vista.

Concluindo, falemos um pouco agora sobre *Cerimônias*.

Toda Cerimônia, a fim de que não se torne uma fórmula vazia, precisa ter um objetivo, um propósito e ocorrer dentro de um ritmo muito bem cadenciado, ensaiado e, se possível, as cerimônias ganham outra oitava quando memorizadas e decoradas.

Mas, em verdade, o que significa decorar uma cerimônia?

Muitos responderiam que decorar é gravar mentalmente cada fala, gesto, trechos e sequencial que constituem uma cerimônia, mas essa definição não estaria totalmente correta.

Em certos contextos Teatrais e Iniciáticos, a palavra decorar é associada ao termo italiano *Di Cuore*, ou seja: *De Coração*.

O Teatro é uma parte importantíssima dentro de qualquer Ordem Iniciática, mas se enganam aqueles que pensam que os atores simplesmente decoram, apenas mentalmente, um texto, como se fossem máquinas de gravar informações e desprovidas totalmente de sentimentos e emoções. Depois que a cerimônia foi compreendida e gravada mentalmente por aquele que irá desempenhar seu papel, como um oficial dentro de uma Ordem Iniciática, se faz necessário que ele traga essa cerimônia para dentro de si e a execute com o Coração, *De Coração*, procurando colocar sentimentos, emoção, intenção, entonação vocal e uma interpretação de seu papel, como oficial, que transcende o ato banal de repetir informações apenas armazenadas na mente, pela consciência objetiva, mas totalmente desprovidas de carga emocional, foco e um profundo externar de emoções somente possível aos que fazem uma cerimônia decorada procurando demonstrar em cada palavra, gesto e ação o que está em seu coração.

O que estou colocando no tocante às Cerimônias também é válido para *Juramentos*. A dica para não ficar tenso, ou ansioso, antes de uma cerimônia é procurar saber tudo o que tem de ser feito de antemão e procurar realizá-la da forma mais natural possível, dentro de uma fluidez contínua de palavras, posturas e gestos, somente possível aos que têm o Ritual na ponta da língua, gravado em suas mentes e alicerçado em seus corações.

Com relação aos Juramentos, que em certas Ordens precisam ser declamados de cor, em primeiro lugar é necessário o entendimento de para quem estamos prestando nosso Juramento. A única resposta a essa questão é: juramos para nossa Consciência, que está sempre conosco e da qual não se pode fugir. Um pseudoiniciado pode não cumprir seu Juramento, fingir que se esqueceu do mesmo, arranjar desculpas e tentativas para interpretá-lo como lhe der na telha, e tudo isso constitui um grande e inútil esforço, no qual o membro da Ordem estaria a enganar a si mesmo.

Um Juramento, quando prestado com Consciência Plena, constitui uma Elevação para nossos seres; passa a ser um escudo contra tudo que pode nos tirar do bom caminho e uma verdadeira muralha, onde nos abrigamos mantendo nossa Moral e Caráter ilibados, em meio a um mundo cada vez mais caótico, no qual raros são os que cumprem a palavra empenhada.

Costumo sugerir com relação a Juramentos, alguns deles bem longos, que os Irmãos de Ordens apenas repitam pequenos trechos deles algumas vezes ao longo do dia, mas a cada vez procurem ter real consciência a respeito de cada palavra que estão pronunciando de maneira que naturalmente, pela repetição serena e constante, essas palavras sejam realmente compreendidas por aqueles que as entoam, passando a fazer parte de seus seres. Em lugar isolado, onde se possa ter alguns momentos de silêncio e tranquilidade, é proveitoso repetir o Juramento em voz bem audível, porém nunca gritada, pois isso nos dá segurança na hora de entoá-lo diante dos outros e nos faz escolher o tom vocálico ideal para lidarmos com cada trecho do Juramento, de acordo com o entendimento que tivermos a respeito do real significado das palavras do mesmo, só possível de ser atingido pela prática da reflexão e meditação, relativas ao que estamos falando.

Ao estudarmos Cerimônias e Juramentos, de acordo com tudo o que acaba de ser explicado, mesmo que esqueçamos alguma palavra deles, teremos segurança para continuar dando nossas falas com termos que sejam sinônimos e em nada alteram o real significado daquilo que se tenta atingir por meio de Rituais bem executados e Juramentos inspirados: a plenitude, cada vez maior, da Consciência.

Experimento 2 – *Religare*

Materiais Necessários:

– 1 cartolina branca contendo, em bom tamanho, quase chegando ao limite das bordas da cartolina, o desenho de um Octógono, com a Cruz *Patée* em seu interior, como mostrado no fim deste capítulo, na parte pertinente às ilustrações;

– 1 Selo da Ordem do Templo, que apresenta os dois Cavaleiros sobre o mesmo cavalo, impresso em papel de boa qualidade, de preferência o couché, e recortado de forma circular;

– 1 porta-incenso, ou turíbulo;

– 3 varelas de incenso, sendo uma de mirra, uma de olíbano e outra de benjoim; se for usar o incenso em pó, a ser queimado dentro de um turíbulo, com o carvão apropriado, você pode comprar, em sites e casas especializadas, as três essências separadas, misturando-as depois para gerar essa composição;

– 2 castiçais;

– 2 velas brancas;

– 1 caixa de fósforos;

– 1 abafador de velas.

Simbologia do Octógono

Não é sem razão que a maioria das construções Templárias dedicadas ao Sagrado possui uma forma octogonal, muito menos se deve a uma simples coincidência ser o Octógono a base para a formação da famosa Cruz Templária (Cruz Pátea, ou *Croix Pattée*).

O Octógono é uma figura geométrica extremamente representativa e emblemática, como representativo e emblemático também é o número 8.

Essa forma geométrica, por meio de seus quadrados – que representam o elemento terra, estando os mesmos inseridos dentro de um círculo que representa o infinito, bem como as ideias de continuidade –, representa a união perfeita entre os planos material e espiritual.

Uma vez que no número 8, além de suas associações com a matéria, a ambição, o status e o poder, também encontramos profundas conexões com a Morte Simbólica, da qual advém a possibilidade do Renascimento, perpetuar certas atividades dentro de estruturas octogonais, ainda mais as dedicadas às cerimonias, cultos e atividades espiritualistas, nos remete a esse caráter de Reparação, Ressurgimento e Renovação.

Antigamente as Pias Batismais, das igrejas mais tradicionais, cujas construção e arquitetura foram baseadas na Geometria Sagrada, tinham a forma de um Octógono. Em razão do caráter de Renascimento existente nessa forma geométrica, fica fácil entender por que o local do batismo possuía essa forma.

O número 8 está associado ao poder, status, ambição, progresso e bons resultados nas esferas materiais de prosperidade, fartura e abundância, bem como na competência administrativa. Assim, é um número associado à cristalização e materialização das ideias. No entanto, se colocarmos o 8 na posição horizontal, o mesmo passa a ser o símbolo do infinito, conhecido no meio Ocultista como *Lemmiscata*, unindo esse conceito de infinitude e movimento contínuo e eterno, existentes no 8, quando colocado na horizontal e agregando a ele os poderes de manifestação física existentes no número, os quais permitem materializar e tornar palpáveis coisas que antes pertenciam ao mundo das ideias e dos ideais, uma vez que se trabalharmos a Fé e a Religião em meio ao Octógono podemos, verdadeiramente, manifestar aqui na Terra o objetivo de nossas preces, orações e petições ao Divino mas, evidentemente, sempre seremos atendidos na proporção de nossos méritos e na exata medida de nossa Fé.

Os Templários sabiam dessas coisas e procuravam externar sua Fé, em meio a toda uma simbologia, bem como padrões arquitetônicos e geométricos, nos quais fosse possível a real manifestação mais palpável e visível de certas energias oriundas dos planos mais sutis referentes à Alta Invisibilidade. Um Cavaleiro usando em seu peito uma Cruz de quatro braços iguais, cuja origem havia sido o Octógono, demonstrava sua aspiração pelo completo equilíbrio e harmonia propostos pelas traves horizontal e vertical da cruz, exatamente iguais. Agregando o caráter de infinitude, imortalidade e contínuo renascimento existentes no Octógono, bem como a ideia de uma morte simbólica, também presente nessa forma geométrica, o Templário dava, aos que entendiam tais simbologias, a certeza de que estariam diante de um homem renascido, regenerado e reparado, por meio do ingresso à Ordem do Templo, bem como pelo praticar de toda uma filosofia de vida, cerimônias, rituais e costumes existentes na Ordem dos Pobres Cavaleiros de Cristo e do Templo de Salomão.

Levando em conta o que foi colocado nos parágrafos anteriores, nada mais apropriado que nosso experimento relativo à Reverência pelas Coisas Sagradas ser perpetuado invocando se toda a Simbologia e força contida no Octógono.

Preparando o Altar

– Reproduza em tamanho maior e cole a figura octogonal, que pode ser encontrada no término deste capítulo, nas ilustrações referentes ao mesmo, à altura de seus olhos, estando você sentado em uma cadeira;

– Abaixo do Octógono fixado à parede, coloque os dois castiçais de maneira que o mesmo fique entre ambos, que deverão permanecer um pouco afastados da parede, evitando acidentes e marcas oriundas da queima da vela;

– Entre os castiçais coloque sobre a mesa o Selo da Ordem dos Templários reproduzido em um bom tamanho, no entanto, um pouco menor que o Octógono já fixado à parede;

– Na frente do Selo Templário coloque o incensório, ou turíbulo, mas próximo da beirada da mesa diante da qual você se sentará.

Preparando Você para o Experimento

1 – Esse experimento, em verdade, é muito simples de ser executado e seu objetivo é o vivenciar uma maior conexão com outras Religiões e Filosofias de vida, ainda que difiram de nossas crenças pessoais, visando adquirir uma consciência realmente Holística e um maior respeito pelos outros Credos e formas de buscar o Sagrado.

Antes do experimento é necessário que o Sobrinho, além de possuir um mínimo de conhecimento a respeito da Religião que lhe foi legada por sua Família e que figurará de maneira especial quando da execução de nossa vivência, pesquise também outras seis Religiões, procurando obter elementos de sete Crenças ao todo.

Minha sugestão é que os Sobrinhos procurem estudar a Religião que herdaram de suas Famílias, em primeiro lugar, e depois procurem em livros confiáveis e por meio de conversas com fiéis de outras Religiões obter os dados sobre as mesmas, bem como escolher um símbolo, apenas um, específico de cada Religião.

Somente essa busca por um maior entendimento a respeito da Religião herdada de nossa Família, bem como conversas e a manutenção da mente aberta, quando o Sobrinho estiver obtendo informações com Fiéis e praticantes de outras Religiões, Filosofias de Vida e Tradições diferentes, já demonstra a prática da Reverência pelas Coisas Sagradas, assim como nos torna mais cultos e bem informados a respeito de outras formas de Buscar o Sagrado e poderemos ficar muito surpresos por vermos vários pontos em comum entre a Religião que herdamos e as outras seis que pesquisamos, visando estar preparados para a prática que advirá.

2 – Antes de iniciar a prática propriamente dita, uma sugestão é tomar um banho, representando a purificação exterior, e depois tomar um copo de água, como símbolo da purificação interna.

O Experimento

1º) Após a preparação pessoal, dirigir-se para o local da prática, sendo aconselhável fazer a mesma no quarto de dormir;

2º) Caso seja de noite, baixar um pouco as luzes; caso seja de dia, trabalhar com a luz natural;

3º) Acender o incenso para que ele exerça seu efeito benéfico no ambiente, gerando a atmosfera apropriada de sacralidade, introspecção, purificação e banimento das energias inconvenientes, que possam existir no mesmo;

4º) Acender as velas começando pela da esquerda, acendendo depois a do castiçal à sua direita;

5º) Durante alguns momentos, ficar em silêncio buscando uma integração com a nova atmosfera gerada no ambiente por conta do queimar do incenso e do flamejar das chamas acessas;

6º) Olhar fixamente para o Octógono fixado à parede, à sua frente, e depois de não mais do que três minutos fechar lentamente os olhos;

7º) Realizar três profundas respirações inspirando o ar, retendo alguns segundos nos pulmões, de acordo com a capacidade pulmonar, e depois expirar o ar naturalmente, adotando um ritmo natural de respiração, após realizados os três ciclos respiratórios completos, que acabam de ser propostos;

8º) De olhos fechados, visualizar uma planície com um gramado perfeito, ou uma floresta com a árvore que melhor lhe aprouver, sendo sugerido carvalhos ou pinheiros;

9º) Visualizar-se caminhando pelo cenário até um Templo Octogonal, que deve ser colocado no mesmo, em meio à planície, ou em meio à floresta;

Obs.: Algumas palavras sobre a Visualização:

Visualizar nada mais é do que fechar os olhos e imaginar algo que esteja sendo proposto na prática. Em nosso caso, nesta prática, um Templo Octogonal em meio a uma planície, ou floresta, à escolha do praticante.

Visualizar é diferente de simplesmente fechar os olhos e deixar a imaginação correr solta, em uma espécie de devaneio. Toda visualização tem um objetivo muito bem definido, detalhes que devem ser respeitados, não se criando mentalmente o que não foi pedido, e deve-se ter uma profunda atenção, disciplina e foco, a fim de que a imagem gerada em nossa mente não se perca.

No início não se preocupe, ou tente resistir a outras imagens que podem surgir na mente, quando da visualização. É natural quando ainda não se tem uma certa prática, mas com o tempo a visualização se tornará mais objetiva, definida e assertiva, sem que tenhamos de fazer um extremado esforço para isso. A prática, e somente a prática, é o segredo para atingirmos naturalmente esse estágio, sem forçar coisa alguma.

Aliás, se houver algum tipo de esforço, ansiedade ou luta para se manter uma imagem mental, alguma coisa está errada, pois devemos simplesmente relaxar e ir criando calma e tranquilamente o cenário de que necessitamos. Repetindo, isso vem com o tempo, com paciência e muita calma, devendo o corpo estar relaxado e se mantendo uma expressão serena e tranquila no rosto durante todo o tempo da prática.

10º) Uma vez tendo chegado ao Templo Octogonal, escolher uma de suas faces por onde entraremos e também sairemos do mesmo. A entrada pode ser como você quiser: uma porta dupla de madeira antiga e já aberta; duas colunas ladeando a entrada; uma simples passagem em forma de arco, enfim, o que sentir melhor. A visualização é sua e uma das coisas mais divertidas a se fazer é criar elementos com os quais nos sintamos confortáveis e tenhamos certa familiaridade, desde que relacionados ao tema proposto na prática, em nosso caso a Reverência pelas Coisas Sagradas;

11º) Uma vez que uma das oito faces do Templo Octogonal será utilizada como entrada, sobrarão outras sete faces que, internamente, deverão ser preenchidas com nichos, ou altares, dedicados a cada uma das sete Religiões pesquisadas pelo Sobrinhos, como sugerido antes de iniciarmos essa visualização.

No primeiro dia da prática, podemos simplesmente entrar pela face adotada como entrada e, seguindo reto, nos posicionarmos no meio do Octógono, já dentro do Templo e na face à nossa frente, que fica oposta à face pela qual acabamos de entrar, visualizar elementos da Religião que herdamos de nossa Família. Essa face é interessante que não mude e que sempre, ao adentrarmos ao Templo, a mantenhamos, em respeito à nossa Herança Religiosa Familiar.

Ao longo dos próximos seis dias, recomenda-se ir preenchendo uma face do Octógono, do interior do Templo, cada dia com uma Religião diferente, até totalizar sete Religiões, cada uma com seu nicho e seus elementos bem definidos;

12º) Estando diante de uma face, no interior do Templo, procurar se dirigir até a mesma e refletir sobre a profunda Sabedoria, os profundos ensinamentos oriundos dessa Religião específica, bem como procurar fazer orações, cânticos, decretos ou reflexões silenciosas visando entrar em sintonia com os Mestres, Santos, Messias ou Entidades da Altíssima Invisibilidade, específicas da Religião à qual estamos nos dedicando a entrar em contato com sua Egrégora, Vibração, Alma e Formas-Pensamento.

Nunca se deve trabalhar, dentro deste Templo Octogonal, com mais de uma Religião no mesmo dia, ainda que já possamos ter edificado, em cada face da estrutura octogonal, os altares e nichos de cada Religião, que resolvemos colocar nesse Templo Holístico e dedicado ao Respeito por todas as Religiões existentes.

Antes que os puritanos, as pessoas menos estudiosas e os fanáticos de plantão comecem a dar seus pitacos e chiliques desarrazoados, no tocante a não se misturar diferentes Crenças, já dizemos de antemão que ninguém está misturando nada, uma vez que a cada dia se trabalha a Reverência e o Respeito por uma só Religião específica, sem abrirmos mão de nossa Religião pessoal.

Esse é um exercício de reflexão e estudo a respeito das Religiões realizado de forma respeitosa e amorosa, sem o menor fanatismo, que é a religião dos ignorantes e responsável pelas maiores atrocidades que já ocorreram em nosso planeta, como as Cruzadas, em que se mataram incontáveis pessoas em nome da fé, uma falsa fé, bem como na época da Inquisição, na qual várias vidas foram ceifadas, por conta da intolerância, da superstição e de um analfabetismo espiritual sem precedentes na História da humanidade.

13º Depois de meditar alguns minutos diante da face interna do Octógono referente à Religião do dia, deixar o Templo Octogonal e retornar ao estágio original de consciência, pelo mesmo ciclo respiratório sugerido no sétimo passo dessa prática;

14º – Abafar as velas, começando pela da direita, que poderão ser utilizadas em outras ocasiões e, caso o incenso ainda esteja queimando, deixar que ele se consuma até o fim.

Obs.: Quando lemos todos esses passos relativos à prática, é natural que pensemos ser a mesma muito demorada, mas isso seria um erro. Como estamos procurando explicar detalhadamente cada passo, isso nos dá uma falsa sensação de que o processo todo é muito longo. Em verdade, não existe razão para que toda essa prática não possa ser realizada, no máximo, em 15 minutos. Nos primeiros dias, quando o praticante ainda está pegando seu ritmo e não decorou o sequencial proposto, é natural demorar um pouquinho mais, mas com o passar do tempo, 15 minutos são suficientes para se concluir toda a prática, devendo ser esse o ritmo adotado pelo praticante.

O que ajuda muito a manter essa objetividade é um estudo a respeito dos elementos relativos a uma Religião específica, bem como a leitura de trechos dos Livros Sagrados da mesma, agregada a um símbolo específico da Religião, a ser visualizado mentalmente na face interna do Octógono que dedicaremos a essa Religião, e uma pesquisa prévia a respeito da vida e obra dos Mestres, Messias, Profetas, Santos ou Entidades relacionadas a ela. Quanto mais elementos pesquisarmos antes da prática, mais fácil se tornam a visualização e a fluidez correta do tempo destinado a ela.

Concluindo, gostaria de dizer que o resultado a ser buscado com esse experimento é muita Harmonia, Equilíbrio, Paz, Serenidade, Inspiração e o adquirir de um Amor Universal por todas as Religiões, Crenças e Filosofias de Vida, de maneira que entendamos e pratiquemos em nossa vida diária o Amor, que é a Essência de todas as Religiões, sendo o mesmo mencionado em todos os Livros Sagrados.

Não é possível, em pleno Século XXI, acreditarmos que existe apenas um Caminho que possa nos conduzir a Deus, muito menos à Verdade. Tanto Deus como a Verdade são um só, mas vários são os Caminhos, Sendas e Vias Sacras existentes tanto no Ocidente como no Oriente, que podem nos conduzir à Origem de todas as coisas, uma vez que todas essas Estradas Luminosas são oriundas de um só Deus, por mais que, para nosso entendimento, de acordo com o grau de consciência em que vivemos, conheçamos muitos Nomes para designar Esse Deus de Nossos Corações e de Nossa Compreensão, que cabe a cada um cultuar com Reverência e Respeito, como um verdadeiro Devoto do Santuário dessa Fé íntima, que existe em cada um de nós e pela qual podemos nos lembrar de que somos um Templo vivo, que abriga uma Centelha Divina, que aspira voltar à sua Origem. A tolerância Religiosa, bem como o Respeito à Crença de cada um, é uma excelente maneira de começarmos a perpetuar esse Regresso à Fonte da qual todos nós somos oriundos.

Exemplos da utilização do Octógono, na arquitetura de templos baseados na Geometria Sagrada:

Basílica di San Vitale – Ravena – Itália.

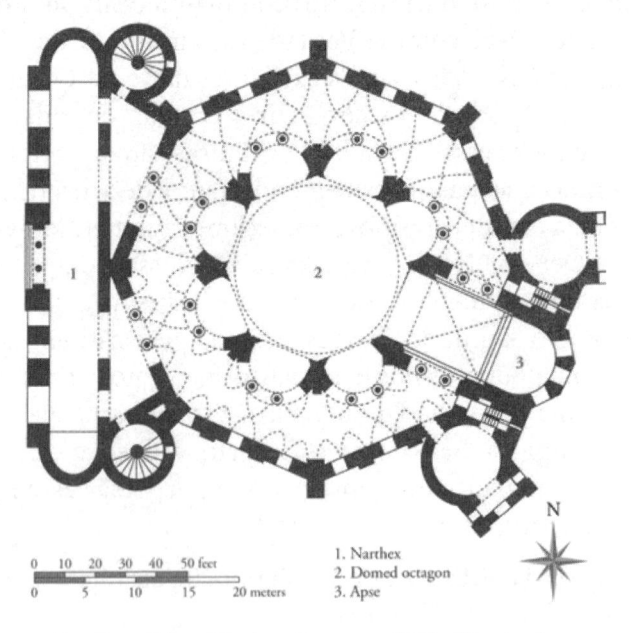

1. Narthex
2. Domed octagon
3. Apse

Basílica di San Vitale – Ravena – Itália/Planta do Octógono.

Basilique Cathédrale Notre-Dame d'Amiens – França/Labirinto Octogonal.

Selo da Ordem do Templo para ser colocado no Altar do Experimento da Reverência pelas Coisas Sagradas, entre as duas velas.

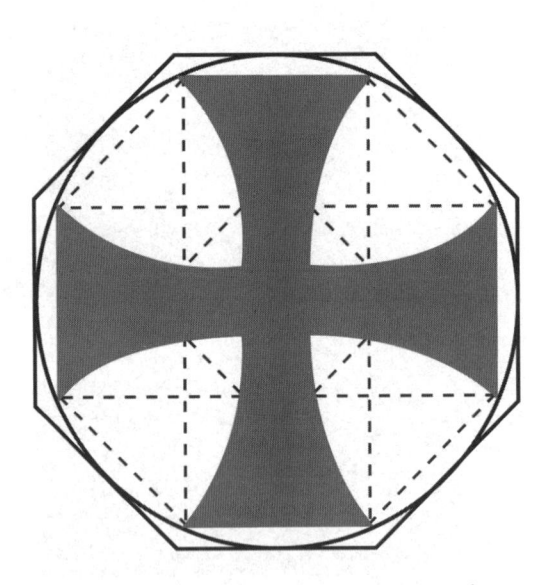

Cruz Templária para ser afixada à parede, na altura dos olhos do praticante, do Experimento da Reverência pelas Coisas Sagradas.

Capítulo 8

A Cortesia

"A Cortesia é a Companheira inseparável da Virtude."

Thomas Fuller

Muitos de nós que apreciam a Cavalaria, os feitos heroicos dos Cavaleiros, as histórias de bravura e coragem, que se desenrolam em meio a grandes aventuras, as batalhas, estratégias e contendas, muitas vezes nos esquecemos de valorizar e praticar o Cavalheirismo, que pode ser resumido em uma só palavra: Cortesia.

Estar cingido por túnica, manto, joias, comendas, títulos, brasão de família, uma bela armadura e espada na cintura não faz de ninguém um Cavaleiro, pois a primeira condição a ser preenchida para poder, realmente, ostentar esse título é a Sabedoria, pela qual o Poder e a Força podem ser direcionados de maneira a proteger os fracos, inspirar os homens em direção a benéficas tomadas de consciência e progressos, em que o Amor se manifesta como o elemento final, porém não menos importante, unindo todas as coisas geradas pela Sabedoria e pelo Poder, completando uma tríade sem a qual todo e qualquer tipo de projeto seria imperfeito.

Dentre essas três forças, Sabedoria, Poder e Amor, a Cortesia está muito relacionada ao Amor, mas se engana quem pensa que sua prática, para realmente ser eficaz, pode dispensar as outras duas.

Ser cortês é ser educado, polido e respeitoso para com todos, em todos os momentos e circunstâncias da vida, e não apenas quando se pode tirar algum proveito de toda essa boa educação, pois a Cortesia praticada visando a alguma vantagem ou a favores de terceiros é falsa, como falsos e interesseiros são todos os que a praticam esperando receber algo em troca, no futuro.

Por que, hoje em dia, a prática da Cortesia nunca foi tão necessária?

Assistindo a um show do Yanni, um músico grego de fama internacional cujo trabalho aprecio muito, em determinado momento da apresentação, em uma breve pausa entre uma música e outra, Yanni externou o seguinte pensamento, mais ou menos com estas palavras:

"O Mundo está cada vez menor, por causa da quantidade cada vez maior de pessoas que estão passando a habitá-lo. Estamos ficando sem espaço. Ou passamos a conviver respeitando, celebrando e aprendendo com as diferenças, ou estamos fadados à destruição total do gênero humano. Parodiando os filósofos gregos: 'O Ser humano Perfeito é a União de todos os demais seres humanos'. Somos todos nós e cada um de nós que formamos O Todo".

A Cortesia, mesmo diante de outra cultura, povo, religião, classe social, costumes e tendências muitas vezes radicalmente diferentes das nossas, deve sempre ser praticada, pois as portas do mundo e as melhores oportunidades da vida estão abertas aos corteses e educados, que passam a angariar, quase imediatamente, a confiança daqueles que os contatam e que desde o primeiro momento são tratados com educação e respeito, o que faz com que tenham a impressão de que conhecem os que estão lhes tratando bem, já há muito tempo.

Conhecer pessoas tem a ver com desligar o celular um pouco, bem como o computador, e olhar o outro nos olhos. Perguntar: quem ele é? Como foi seu dia? O que de novo tem para compartilhar? Quais as últimas descobertas, conquistas, progressos e avanços na vida? Leva tempo para conhecermos as pessoas e muito mais tempo para conhecermos a nós mesmos, mas demonstrar um real, verdadeiro e sincero interesse pela vida de outro ser humano, bem como com o progresso da mesma, ainda mais quando podemos auxiliar esse progresso, faz com que o outro se sinta importante, por meio da valorização de suas atividades e trabalhos.

Pessoas corteses se importam com todos e procuram aprender com todas as circunstâncias da vida com as quais venham a entrar em contato, jamais cometendo a deselegância de desprezar ninguém, bem como as opiniões e visões alheias, mesmo que divirjam das suas. Em caso de discordâncias, externam suas opiniões francamente, mas sempre com educação, e procuram sempre argumentar sobre a ideia em questão, jamais atacando a pessoa que a proferiu, pois isso seria sair dos domínios da discussão intelectual e passar para críticas pessoais, postura muito comum aos ignorantes, desprovidos de argumentos e que se acham os "reis" da retórica. Um ato extremamente descortês, em meio a uma discussão, é sempre querer dar "a última palavra", como se houvesse alguém tão capaz de encerrar uma discussão e nada mais pudesse ser dito a respeito de qualquer tipo de assunto. Com o tempo e passando, às vezes, por muitas vergonhas e vexames, aprendemos que dependendo da última palavra que gostaríamos de dar em uma discussão, melhor seria que nem tivéssemos aberto a boca ou começado a discutir, pois somos senhores de tudo o que não falamos e passamos a ser escravos das palavras proferidas por nós.

Cortesia tem a ver com uma série de coisas, como saber ouvir; tom de voz ao falar; comportamento social e até mesmo posturas corporais.

No tocante ao ouvir, poucos de nós conhecem o maravilhoso Poder do Silêncio, e quem não sabe silenciar, tampouco sabe escutar o que o outro tem a dizer. É impressionante como hoje em dia as pessoas não se escutam umas às outras. Basta observarmos um pouco o comportamento das pessoas e veremos que a maioria, salvo raras exceções, não está nem um pouco preocupada em ouvir o que o outro tem a lhe dizer e muitas vezes, antes de uma ideia ser concluída, existem pessoas que começam repondê-la, sem uma noção profunda a respeito do que foi dito e até mesmo do que estão falando, pois estão habituadas a responder sempre, o que atesta uma tremenda falta de segurança em si mesmo, que tentam ocultar com esse comportamento reativo.

O cargo de Mestre Conselheiro, o líder dentro de um Capítulo da Ordem De Molay, só é concedido àqueles que souberam ouvir conselhos e dar conselhos. Um líder aprende a virtude do Calar, em primeiro lugar, pois quando silencia sua mente, serena seu coração e procura ouvir a Voz do Silêncio dentro de si, passa a ter acesso ao Saber, que lhe permitirá Querer exercer sua Verdadeira Vontade, que jamais deve ser confundida com caprichos fúteis e efêmeros, de forma a Ousar transformar o mundo ao seu redor, porque em primeiro lugar transformou a si mesmo.

Tão importante quanto o Ouvir, na prática da Cortesia e da boa educação, está o saber falar. Tirando as implicações sagradas, uma vez que o Verbo é Sagrado e está na origem da Criação, existem dois fatores fundamentais na utilização da palavra: 1) a entonação de voz ao falar; 2) o modo de falar as coisas.

Entende-se por entonação o tom, o modo pelo qual emitimos nossa voz. Quem quiser aprender essa verdadeira arte deveria procurar as boas Escolas de Teatro em nosso país, onde os atores aprendem, como em nenhum outro lugar, a trabalhar suas vozes com a intenção que o personagem a ser interpretado requer. Engana-se quem acha que as técnicas teatrais se aplicam unicamente ao palco, e esse é o motivo por que hoje em dia profissionais de diferentes áreas estão buscando e sendo cada vez mais estimulados a fazer cursos teatrais, pois é fato comprovado que as técnicas aprendidas no Teatro podem ser utilizadas em qualquer profissão, trabalhando desde a desinibição e autoconfiança de uma pessoa, até mesmo lhe provendo os recursos para falar e saber se comportar em qualquer situação, o que é muito importante, quando em nosso meio profissional lidamos com tipos diversos de pessoas, em meio ao público que atendemos ou dentro da hierarquia de uma empresa, por exemplo.

Uma das piores formas de descortesia, principalmente quando estamos em lugares públicos, é falar aos berros, em um tom de voz completamente desagradável, como se todo mundo ao nosso redor estivesse interessado no assunto de que estamos tratando. Existem pessoas que, literalmente, perdem a noção de que estão em um lugar público e que há regras que devem ser seguidas, a fim de que não avancemos o espaço do outro.

A pessoa cortês fala olhando em nossos olhos – particularmente costumo desconfiar imediatamente de quem vem falar algo comigo e não olha diretamente em meus olhos –, utilizando-se de um tom de voz agradável, que não é nem muito baixo, fazendo com que o outro se esforce para escutá-la, nem muito alto, fazendo com que a pessoa até afaste a cabeça para trás tentando não ficar tonta em razão dos altos decibéis emitidos por quem, literalmente, não sabe conversar. O cortês se faz ouvir e é entendido com poucas palavras, sempre colocadas de modo agradável, o que faz com que as pessoas queiram continuar a ouvi-lo, independentemente do assunto de que estiver tratando.

Tão importante quanto o tom de voz de uma pessoa é o modo pelo qual ela procura colocar suas ideias. Costumo dizer que podemos falar qualquer coisa, dependendo da maneira como falamos e que, se não temos modos para falar, deveríamos aprendê-los primeiro, para só depois abrir a boca.

O modo como expressamos nossas ideias reflete diretamente na maneira pela qual seremos lembrados pelos outros. Já vi pessoas cobertas de razão, que perderam feio uma discussão – como se "ganhar" ou "perder" discussões fosse algo importante para a vida de alguém, mas existem pessoas suficientemente tolas para acreditar nisso – porque não souberam se expressar de forma correta.

A Arte da Expressão consiste em sermos nós mesmos, mas quem somos nós? Essa questão só mostra, uma vez mais, que sem a prática do Autoconhecimento fica impossível nos expressarmos completamente de acordo com aquilo que verdadeiramente somos. E o que um ser humano, em Essência, verdadeiramente é, é digno de ser expressado tamanha a Luz e o Poder inspirador que podem advir de dentro de nós, quando deixamos de ser o falso eu e tendo nos autoconhecido passamos a expressar nosso Verdadeiro Eu, uma Individualidade única, exclusiva, que veio fazer algo significativo nesse mundo e cujo modo de falar correto pode inspirar os outros a serem melhores do quem têm sido para si mesmos, uma vez que é impossível ser bom para alguém sem a prática da bondade direcionada a nós, em primeiro lugar, pois ninguém pode dar o que não concede a si mesmo.

No tocante ao modo de falar jamais aborde, ou fale com uma pessoa, como se tivesse de convencê-la a todo custo de que suas ideias estão corretas. Quando fazemos isso é muito fácil, caso sejamos contrariados e não tenhamos o autocontrole suficiente, perdermos a linha, porque alguém simplesmente discordou ou contestou nossas ideias.

A pessoa cortês jamais tenta convencer alguém de que está certa, pois como estuda e reflete muito antes de falar, tem a certeza da força de sua argumentação, pautada em preparo e autoconfiança, e mesmo assim deixa sua mente aberta, pois muitas vezes surgem ideias novas e proveitosas advindas de conversas em que ninguém está tentando dominar ninguém, mas essas ideias só são captadas por aqueles de mente aberta e que estejam abertos a compartilhar o melhor de si e saber receber o melhor dos outros, em meio a conversas, diálogos e discussões.

Cortesia verbal tem a ver com não ficar cortando os outros quando estão falando e esperar sua vez para entrar em uma conversa, caso a mesma já esteja em andamento, até para saber se queremos participar da conversa ou não, com nossas opiniões e ideias.

Dispensável dizer que se expressar com palavrões, termos vulgares e excesso de gírias é cavar sua própria sepultura, em termos da imagem que se deseja passar. Ainda que algumas pessoas, desprovidas também de boa educação, capacidade intelectual, expressiva e comunicativa possam achar engraçado os que se expressam com palavrões e termos chulos, é um espetáculo extremamente deprimente ver um jovem proferindo certas palavras de baixo calão, que não atestam, muitas vezes, a educação recebida em casa, desvalorizam os esforços dos pais para lhe dar uma boa formação e constrangem os que estão ao seu redor, tamanho o desgosto de ver alguém, ainda no começo da vida, já se marcando, muitas vezes para sempre, de maneira negativa por não saber usar a palavra de forma correta e educada.

No tocante aos cuidados relativos à prática da Cortesia verbal, nós Templários aprendemos com nossos Irmãos do Islã, desde a Idade Média, a seguinte reflexão:

"Existem três coisas que não voltam atrás:
A flecha quando é lançada,
a oportunidade quando é perdida
e a palavra quando é proferida."

Saber se comportar socialmente, ao contrário do que muitas pessoas pensam, não é algo chato, complicado, cheio de regrinhas limitativas e castradoras, que nos sufocam, impedindo assim nossa livre expressão.

A chamada Etiqueta, conjunto de normas de comportamento social, faz parte da prática do Cavalheirismo. Evidentemente existem normas de comportamento social do século passado que seriam ridículas se praticadas atualmente, e ninguém precisa chegar a esses extremos para saber se comportar de forma educada e agradável na sociedade, sem jamais deixar de ser agradável para consigo mesmo, em primeiro lugar, porque repito: ninguém pode dar o que não possui.

Normas de comportamento social variam de país para país, bem como se tornam diversas dependendo da cultura, costumes, tradições específicas e até mesmo de acordo com a religião praticada por um povo. Seria humanamente impossível termos proficiência sobre todos os comportamentos sociais corretos praticados, hoje em dia, em meio à diversidade de Culturas e povos com os quais coabitamos em nosso planeta. Aquilo que é considerado educado em uma Cultura, às vezes dentro de um mesmo país, em meio a outro grupo étnico poderia ser considerado uma grave ofensa. O que fazer então, em matéria de educação, em meio a tanta diversidade? Simples: sermos inteligentes.

Existem normas básicas e universais de bom convívio social, como dar "Bom Dia"; dizer "Obrigado", falar "Saúde", conceder passagem às pessoas mais apressadas (elas devem ter um motivo para isso), ceder assentos a gestantes e pessoas mais idosas, bem como toda uma série de coisas bem simples, as quais eu tenho certeza de que nossos pais nos ensinaram. Levando isso em consideração, podemos dizer que a Cortesia também nos remete à Primeira Virtude Cardeal de um De Molay, o Amor Filial.

Nossos pais são nossos Primeiros Mestres, em matéria de Educação e Cortesia. Bons filhos, que ficam atentos aos modos ensinados pelos pais, desde muito cedo, jamais errarão no trato com as demais pessoas e o mundo todo responderá positivamente a um jovem bem-educado e que sabe como se comportar. Agradeçamos não às escolas, mas aos nossos pais por toda Boa educação e Cortesia que eles nos legaram, pois a Família é a grande responsável pela Educação, e não a escola. Quando nos esquecemos disso e achamos que é dever da escola educar nossas crianças e jovens, e não dever da Família cumprir essa gratificante função, acabamos tendo uma juventude deselegante, despreparada em matéria de convívio social e totalmente mal-educada. Sinceramente, ninguém quer ver isso e os próprios jovens devem ser os primeiros a ficarem atentos com relação à imagem que estão passando de si mesmos, pois os melhores vendedores de nossa imagem positiva sempre somos nós mesmos.

No Teatro, Arte com a qual estou envolvido desde os 15 anos de idade, aprendemos que a primeira impressão que fica não é a deixada pelas palavras e pelo comportamento social, pois antes de abrirmos a boca, a primeira coisa que as pessoas veem é nosso corpo e expressão facial. Pessoas que andam desarrumadas, parecendo sacos de batatas, e trazem no rosto uma face de desdém e deboche, estando pouco interessadas quando estão falando com elas, desde o início perdem pontos valiosos no tocante ao carisma e à maneira correta de conquistar as demais pessoas ao nosso redor.

Um corpo altivo, uma postura elegante e uma expressão facial serena, tranquila e que expresse estarmos interessados pelo que os outros têm a nos mostrar ou dizer, tudo isso faz com que sejamos sempre bem lembrados por todos os que vierem a entrar em contato conosco, sendo que essas pessoas sempre nos convidarão novamente para qualquer tipo de atividade social, pois ninguém quer estar ao lado de uma pessoa desatenciosa e deselegante, e acreditem que nosso corpo e expressão facial expressam esses sentimentos. Portanto o Teatro, bem como as aulas de expressão corporal, hoje em dia, estão sendo cada vez mais procurados, pois todos querem ficar bem na foto ao passar sua imagem pessoal para a sociedade. Até mesmo em uma entrevista de emprego, muitos candidatos não têm a menor noção de que já estão totalmente fora da competição por uma vaga na empresa, com o simples ato de sentar na cadeira em frente do entrevistador, ou simplesmente pela maneira como apertaram sua mão.

O mundo adora pessoas corteses, educadas e elegantes, e ao contrário do que a maioria das pessoas pensa, elegância não tem nada a ver com dinheiro, pois conheço muitas pessoas endinheiradas, mas que são um verdadeiro nojo no trato com seus semelhantes, achando-se as donas do mundo só porque têm grana, sem se dar conta de quão pobres são em matéria das coisas que realmente importam: Autoconhecimento, Paz de Espírito, Educação, Carisma, Simpatia e Mente Aberta, em todas as situações.

Cortesia, infelizmente, às vezes é confundida com espertiza, sendo que a mesma não tem nada a ver com isso, muito menos com inteligência. Os "espertões de plantão" que andam por aí realmente acham que com seus sorrisos falsos, noçõezinhas chulas de neurolinguística e autoajuda, tapinhas nas costas e abraços desprovidos de sinceros sentimentos conseguirão enganar a todos e conquistar o mundo. Não poderiam estar mais errados e enganados a respeito de si mesmos, pois acham que podem menosprezar a inteligência dos outros ao seu redor, sendo que passo agora a algumas características dos pseudocorteses e espertões, para que jamais sejamos vítimas de seu excesso de esperteza, só superado por sua total falta de inteligência:

– O espertão sempre se acha "O Cara" e muitas vezes chama os outros por esse adjetivo, dizendo "*Você é o cara*" quando, em verdade, isso não é um elogio verdadeiro e ele o usa com todo mundo que conhece, e até mesmo com quem acabou de conhecer, demonstrando o requinte da "arte do puxa-saquismo" achando que vai se dar bem com os outros, só porque disse que são *O Cara*. Nada mais patético;

– Espertões costumam chamar as pessoas com adjetivos terminados em "inho", como por exemplo *queridinho*, entre outros termos tão ridículos quanto este. É algo desrespeitoso, tirando uma relação de anos entre marido e mulher, namorados, ou Pais e Filhos, chamar alguém por um adjetivo no diminutivo. Inconscientemente, a mensagem passada por quem assim procede é a de que considera o alvo de seus adjetivos inferior a si mesmo, externando esse menosprezo, consciente ou inconscientemente, com termos no diminutivo. Na via contrária, alguns elogios no aumentativo são os preferidos dos falsos corteses, quando querem ganhar a confiança, ridiculamente, até de quem acabaram de conhecer, utilizando-se desses termos, como se os mesmos fizessem a pessoa se sentir maior, mais importante e no topo de um pedestal. Isso funciona com os deslumbrados, que se deixam ludibriar por esses falsos elogios, mas quando estamos lidando com pessoas que realmente têm algum tipo de influência e capacidades de manobra, dentro de uma sociedade, uma das coisas que essas pessoas mais detestam é serem tratadas com excesso de deferências, ainda mais quando se tenta demonstrar uma intimidade que não temos em relação a elas;

– Espertões são os "Reis" em levar vantagem e adoram contar suas histórias mirabolantes, em que sempre são os protagonistas e salvadores da pátria, graças a seus inúmeros talentos e habilidades, pois sabem fazer de tudo, são formados em todas as matérias e conhecem todos os assuntos. Podemos pensar em qualquer coisa, até mesmo nas que não foram inventadas, e adivinhem: o espertão já dominará completamente esse novo assunto também.

Resumindo, quem quer vencer na vida, ser querido e admirado por todos, sem ser um puxa-saco ridículo e pegajoso, tem apenas que se lembrar de ser inteligente, praticar sempre as noções básicas de boa educação que nossos pais nos ensinaram e ser um exímio observador de tudo ao seu redor, principalmente quando em meio de pessoas desconhecidas e em um cenário com o qual não estamos acostumados. Sucesso no mundo, em qualquer área, é a somatória de duas coisas: Cortesia e Inteligência. Quem tem essas duas características e as usa, sempre se dará bem em tudo o que pretender fazer.

Experimento 3 – O Amor Incondicional

Materiais Necessários:

– Sua Boa Vontade;
– Sincero e puro desejo de transmitir Amor Incondicional a todos os Seres dos Universos visíveis e invisíveis;
– Felicidade contagiante;
– Profundo Espírito de Gratidão;
– Incenso de Rosa;
– Música de piano ao fundo; sugerimos o álbum do músico grego Yanni, *In My Time*, faixa 11, "Until The Last Moment", para iniciar a prática e depois colocar as demais faixas na ordem que mais lhe agradar.

Preparando Você para o Experimento

Uma das virtudes que jamais podem ser desassociadas da Cortesia é a Gratidão.

A Gratidão sincera é expressada por aqueles que sabem demonstrar um Amor Incondicional infinito, dirigido não apenas ao próximo, como também à Vida e aos Universos Visíveis e Invisíveis.

Para que possamos entender um pouco mais a respeito do Amor Incondicional, voltemos nossa atenção para os seguintes elementos:

O Arcanjo Samuel

Dentre todos os Sete Grandes Arcanjos conhecidos em meio à Grande Fraternidade Branca, a saber: Miguel, Jofiel, Samuel, Gabriel, Raphael, Uriel e Ezequiel, cabe ao Terceiro Deles, Querido e Bem-Amado Arcanjo Samuel, emanar plenas condições a cada ser humano para livrá-lo dos terríveis vírus do ódio, crueldade, raiva, ira e agressividade, visando despertar a humanidade desse sombrio pesadelo em que alguns seres humanos insistem em viver, chamado violência.

O Arcanjo Samuel se caracteriza pelo Amor Incondicional e também pela Perfeição, a qual irradia a todos os suplicantes diretamente, ou por intermédio dos Anjos do Amor Incondicional, que trabalham sob suas orientações e muitas vezes podem fazer com que suas presenças sejam sentidas, em meio aos humanos, por um característico e inconfundível odor de Rosas, que denota sua proximidade, quando os mesmos são invocados com Fé.

Trabalhar, invocar, orar, ou simplesmente, em silêncio, elevar a Alma, abrir o Coração e direcionar nossa Mente ao Arcanjo Samuel faz com que sintamos uma perfeita Comunhão com o Todo, pois o Amor Incondicional está presente em tudo e une todas as coisas e seres, mesmo os que vivem em elevadíssimas instâncias e dimensões Espirituais, ainda pouco exploradas por nós.

Sob os auspícios do Arcanjo Samuel, podemos pedir que a Perfeição e a Beleza se manifestem em qualquer atividade realizada por nós, desde que a mesma seja executada com Amor, não importando se estamos lidando com uma pequena tarefa ou com algo de extrema importância para nossa vida. Não existem coisas menos importantes, apenas pessoas que decidem não se importar em dedicar Amor ao que fazem, fazendo de sua vida algo pequeno e desprovido de Real Beleza e Perfeição, características daqueles que se dedicam a levar uma vida pura e varonil.

Simbologia da Rosa

A rosa é a flor mais emblemática e carregada de inúmeros significados para os ocidentais.

Associada ao Amor e à Beleza, era utilizada para homenagear a Deusa grega Afrodite, mas também foi utilizada no Egito para honrar Ísis, tanto como Mãe de Hórus, simbolizando a rosa o Amor Maternal, como também representava essa flor um aspecto misterioso, secreto e hierático, uma vez que Ísis estava associada à Iniciação aos Mistérios, dos quais era a guardiã.

Na Ordem Rosacruz AMORC, a Rosa vermelha, no centro da Cruz, é uma rosa de fogo, que representa o desabrochar da Alma, por meio de suas encarnações terrestres, desde que, evidentemente, tratemos do desabrochar de nossas Almas, por meio da Busca Espiritual e do Autoconhecimento, visando à libertação da matéria, representada pela Cruz.

De todas as espécies de flores, a rosa é a que se encontra mais relacionada ao plano espiritual, em virtude de seu crescimento e desabrochar, podendo ser vista como uma espécie de Taça da Vida, onde os homens vão beber o néctar da Sabedoria primordial, que pode ser colhido e armazenado em suas pétalas, após as mesmas terem sorvido esse bálsamo diretamente na Fonte: a Gnose, da qual se originaram todas as Tradições, Religiões, Filosofias de Vida, bem como todas as formas de Artes e Ciências.

Quando brancas, as rosas simbolizam a pureza virginal e a virtude imaculada, uma vez que, quando Afrodite nasceu da espuma do mar, segundo os mitos gregos, foi de uma rosa branca que parte dessas espumas tomou a forma.

No Cristianismo as rosas são utilizadas para honrar, celebrar e cultuar todas as Marias, sendo que a Nossa Senhora da Rosa Mística é a imagem que melhor representa a importância dessa flor, graças às três rosas existentes em seu peito, a saber: Rosa Branca, que indica o espírito de oração; Rosa Vermelha, que indica o espírito de sacrifício e de abnegação; e a Rosa Amarelo-dourada, que indica o espírito de penitência.

Durante a Idade Média – sendo que esse costume é adotado até hoje em algumas Tradições Rosacrucianas e também nas Tradições Cavaleirescas mais tradicionais –, era costume colocar rosas nos tetos de certos recintos, destinados à comunicação dos Mistérios, representando que tudo o que fosse falado abaixo dessa rosa deveria permanecer como um assunto secreto e jamais ser desvelado aos que não tomavam parte de certos grupos e Círculos de Iniciados.

Possuindo uma origem asiática, de aproximadamente 4 mil a.C., os assírios, babilônios, egípcios e gregos já usavam essa flor como elemento decorativo, para cuidar do corpo e em banhos de imersão, que visavam tanto a aspectos estéticos quanto a terapêuticos. Além desses usos domésticos e relacionados à beleza, a simples visão de uma rosa é capaz de abrandar o estado de espírito mais tenso e nervoso, por meio da transmissão de uma imagem que nos remete ao significado mais essencial dessa flor: o Amor.

O Experimento

1º) Queimar um pouco de incenso de rosas;

2º) De olhos já fechados, após ter mantido alguns momentos de silêncio, realizar três profundas respirações inspirando o ar, retendo alguns segundos nos pulmões, de acordo com a capacidade pulmonar, e depois expirar o ar naturalmente, adotando um ritmo natural de respiração, após realizados os três ciclos respiratórios completos que acabam de ser propostos;

3º) Criar mentalmente, por meio da visualização, como foi explicado no 9º Passo do *Experimento da Reverência pelas Coisas Sagradas*, o cenário no qual se dará a prática da Cortesia, que deve ser, agora, um bosque infinito repleto de inúmeras árvores, podendo ser algumas delas frutíferas, e diversas espécies de flores, plantas e tipos de vegetação que conseguir imaginar. Colocar em meio a essa natureza fontes, riachos e pequenas quedas-d'água, que têm a função de gerar uma sensação de relaxamento, por meio do murmúrio das águas correndo, bem como uma sensação de frescor, uma vez que você deve visualizar um sol bem radiante a iluminar todo esse cenário, em meio a um céu azul de poucas nuvens. Recomenda-se fazer esse experimento ante do sol se pôr, sendo as primeiras horas da manhã e o meio-dia os horários mais apropriados para o mesmo;

4º) Caminhar em meio a esse cenário procurando captar toda força oriunda da natureza, enquanto mantém um ritmo de respiração natural, que inspira vitalidade, a cada inspiração, e expira todas as tensões, angústias, depressão ou qualquer outra coisa que o possa estar incomodando, a cada expiração. Os pensamentos e sentimentos negativos, quando expirados, são imediatamente dissolvidos em meio à força de toda essa natureza ao seu redor, sendo que seu ser vai ficando cada vez mais leve, feliz e bem disposto a cada passo dessa caminhada, em meio a esse bosque tão especial gerado diretamente em sua Alma, por meio da visualização criativa;

5º) Após alguns momentos de caminhada, buscar um local que se assemelhe a uma Catedral, em meio ao bosque, por meio da disposição e formação das árvores, como se as mesmas se alinhassem formando as colunas que sustentariam a abóbada de um Templo, representada aqui pelos galhos das árvores que se cruzam acima de sua cabeça, enquanto as pedras e troncos caídos ao seu redor, juntamente com flores e rosas brotando à sua volta, podem representar bancos e altares naturais, sendo os vitrais dessa Catedral Natural representados pelos raios do sol que passam pelas folhas e iluminam tenuamente o local que você se encontra;

6º) Estando em meio a esse verdadeiro Santuário, tomar assento sobre um dos troncos ou pedras e entrar em sintonia com o Arcanjo Samuel, o que deverá aumentar significativamente o odor das rosas e flores ao seu redor, denotando esse sinal a presença dos Anjos do Amor Incondicional, que sempre se aproximam quando Aquele que os lidera é invocado com sinceridade, fé, humildade e toda pureza existente em nossos corações. Você pode decorar e utilizar esta Tradicional Invocação do Amor Divino, que constitui um chamado ao Arcanjo Samuel:

"Em Nome e com a Autoridade da Minha Divina e Poderosa Presença de Deus, em mim, O EU SOU, Presente, também, em todos os Corações da raça humana, apelamos a Vós, Arcanjo Samuel, para auxiliar-nos a irradiar Amor a toda humanidade, preparando-a para a Manifestação do Amor Incondicional e da Perfeição, sobre toda a Terra e dentro de todos os seres.

Flamejai a Chama Rosa/Dourado do Puro Amor Divino, por meio de nossos corpos inferiores, aliviando nosso fardo cármico, pela Lei da Compensação, e Ascensionando tudo na mais Perfeita Luz.

Gratos, reverenciaremos sempre a Chama do Infinito Amor."

7º) Após proferir mentalmente essa Sagrada Invocação, visualize um grandioso Arcanjo vindo em sua direção, tendo o caminho até onde você se encontra franqueado pela vegetação, que se abre à Sua passagem, como se se curvasse diante desse Augusto Ser da Luz Maior, o Próprio Arcanjo Samuel. Sugerimos que não procure pesquisar nenhuma figura relativa aos Arcanjos antes de fazer esse experimento, pois isso faria com que você fosse influenciado por imagens já existentes, sendo bem melhor visualizar esse belo Arcanjo na hora da prática, para que a experiência seja mais autêntica e não baseada em imagens preconcebidas, devendo o Querido e Bem-Amado Arcanjo Samuel tomar uma forma que mais lhe fale ao coração e seja significativa para a Elevação de sua Alma;

8º) Chegando até você, visualize o Arcanjo Samuel tomando assento à sua frente e utilize alguns minutos para observá-lo, bem como para sentir o Infinito Amor Incondicional emanado por essa Presença Divina;

9º) Após esse período de harmonização inicial, em que você também foi contemplado pelo Arcanjo Samuel, cujo olhar reconheceu o Amor Incondicional presente em cada átomo do seu ser, visualize uma belíssima rosa se abrindo no centro do peito do Arcanjo Samuel;

10º) Procure se lembrar de cada pessoa que já tenha sido cortês com você e o tenha servido de alguma maneira, começando a visualizar as faces dessas pessoas nas pétalas da rosa que se encontra no centro do peito do Arcanjo Samuel. As pétalas centrais deverão ser preenchidas pelos rostos de seus pais, que tanto Amor têm lhe dedicado ao longo dos anos;

11º) Quando tiver completado todas as pétalas da rosa, visualize-as extremamente vivas, brilhantes e repletas de Perfeição e Amor Incondicional irradiados para onde quer que essas pessoas se encontrem, podendo algumas estarem até mesmo no plano espiritual. Peça para que recebam agora as Bênçãos e a Luz da Gratidão, por toda a Cortesia que lhe dispensaram, bem como por todo Amor com o qual se doaram às suas Famílias, atividades, pensamentos, palavras e ações e acredite no Amparo, Acalento, Proteção e Amor do Arcanjo Samuel envolvendo todas essas pessoas, agora e para sempre;

12º) Antes de visualizar o Arcanjo Samuel se desvanecendo diante de si e levando com Ele, na rosa presente em Seu peito, todos aqueles que beneficiou com esse experimento, com toda sinceridade, pureza e humildade do coração peça ao Arcanjo que derrame sobre você Sua Luz e Amor Incondicional e lhe traga situações cotidianas, nas quais possa praticar a Cortesia, bem como o serviço desinteressado dedicado ao próximo. Queira realmente ser um instrumento de Paz e Concórdia neste nosso mundo e se comporte como um canal, de onde fluam somente pensamentos sublimes, palavras inspiradoras, sentimentos nobres e um Carisma natural, reforçado por atos Corteses;

13º) Deixe o bosque sentindo-se muito bem e vá retornando aos poucos ao plano de consciência original, por meio do mesmo ritmo respiratório, já explicado no segundo passo, e concluída a última respiração comece a movimentar lentamente seu corpo, iniciando pelos pés, até abrir seus olhos. Prossiga com suas atividades diárias lembrando de praticar o que você se propôs e repita esse experimento tantas vezes quanto quiser.

Sugestão de imagem relativa ao cenário a ser visualizado no Experimento da Cortesia, quando estivermos na Presença do Arcanjo Samuel.

Capítulo 9

O Companheirismo

"Que a gente possa ser mais irmão, mais amigo, mais filho e mais pai ou mãe, mais humano, mais simples, mais desejoso de ser e fazer feliz."

– Lya Luft

A Quarta Vela, que ocupa um lugar central em meio às outras Sete, é dedicada à Virtude do Companheirismo, que estimula o De Molay à prática da Fraternidade com seus Irmãos e o faz ser o bom amigo de todas as horas, mesmo de pessoas que não fazem parte da Ordem, desconhecidos e não Iniciados nos Mistérios.

A palavra Companheirismo, dentro das Sociedades Secretas, está muito além dos sinônimos coleguismo, ou amizade. Entendemos o Companheirismo como algo mais forte, que supera o convívio social amistoso apenas, pois estamos falando de Irmandade.

Ingressar em uma Ordem Secreta é um ato de coragem, que exige pensarmos duas vezes antes de pedir nossa admissão a ela, pois estar De Molay é muito fácil, mas SER, de fato, um De Molay, é algo bem mais complexo.

Ser De Molay envolve saber trabalhar e conviver com pessoas, quase sempre de opiniões diferentes e até mesmo opostas às nossas, sabendo submeter nosso ego, orgulhos e paixões à grandiosidade dessa convivência, à qual chamamos de Companheirismo, sem abrirmos mão de nossa Individualidade, mas colocando-a para trabalhar junto a outras individualidades, o que gera um grupo forte e capaz de fazer frente a qualquer desafio.

A verdadeira União só pode existir quando, mesmo as pessoas estando unidas, cada qual preserva sua Individualidade, pois a partir do momento em que abrimos mão de nossa Individualidade, que é a forma pela qual nossa Personalidade se expressa, viramos alguém sem expressão, mais um em meio à multidão, e deixam de existir os talentos pessoais e os chamados especialistas, que abundavam no passado em várias áreas da sociedade. Os especialistas eram pessoas às quais nos reportávamos sabendo que somente elas poderiam resolver certo problema, pois tinham dedicado suas vidas inteiras para adquirir uma determinada especialização. Com o passar dos tempos e com a má cultura de grupo perpetuada pelos inúmeros "zé-povinhos" que andam por aí, os especialistas tornaram-se cada vez mais raros e o assumir de responsabilidades, caso algo desse errado, também foi se perdendo, pois em meio a um grupo sem individualidades fortes, a culpa nunca é de ninguém e sim do grupo, ou seja, uma bela maneira de se esconder, não assumir responsabilidades e ficar isento quando algo dá errado. Esse tipo de conduta é inadmissível dentro da Ordem De Molay e de qualquer outra expressão da Tradição Esotérica realmente séria.

O De Molay é um especialista na prática das Virtudes, seja dentro e principalmente fora do Capítulo. Seus pensamentos, palavras e ações inspiram seus Irmãos, membros da Família Maçônica, familiares e amigos a serem melhores do que têm sido. No afã de tornar o mundo melhor nunca está sozinho, pois quando olha ao redor encontra sempre um Irmão tão forte, tão decidido e tão repleto de diversos talentos individuais que, quando combinados com seus próprios talentos, tornam ambos invencíveis e capazes de vencer qualquer desafio.

Não é por acaso, ou por uma simples questão de estética heráldica, que o Selo dos Pobres Cavaleiros de Cristo e do Templo de Salomão ostenta dois Cavaleiros montando o mesmo cavalo. Os que se contentam com o significado raso, simplório e frequentemente errado das coisas costumam dizer que isso representava a pobreza e humildade dos Cavaleiros Templários, esse ato de repartir a mesma sela.

Em primeiro lugar, é preciso que se esclareça que os Templários nunca foram pobres, muito pelo contrário: foram a Ordem mais rica, poderosa e influente da Idade Média, sendo sua riqueza comparada à do próprio rei Salomão, cujo nome a Ordem do Templo ostentava. Mesmo os primeiros nove Templários fundadores Hugo de Payns, Geoffrey de Saint Omer, Andre de Montbard, Geoffrey Bisot, Payen de Mont du Dier, Roral, Gondenar, Archambaud de Saint Aignan e Greoffrey nunca foram pobres, sendo que alguns vinham de Famílias Nobres e tinham à sua disposição recursos ilimitados, patrocinados pelo conde Hugo de Champagne, juntamente com outros lordes, Casas Nobres da França e certas Sociedades Ocultas, que estavam por trás da criação dos Templários.

Os Templários que iam a campo de batalha, ou precisavam cruzar longas distâncias, quando em campanha, tinham à sua disposição três cavalos para cada cavaleiro, fora seus escudeiros pessoais, que também os acompanhavam; tinham as melhores armas que o dinheiro podia comprar e alguns Cavaleiros tinham à sua disposição armeiros particulares, que confeccionavam suas armas pessoais, principalmente suas espadas, exatamente como os Samurais do Japão medieval, cujas Katanas eram peças únicas, exclusivas e destinadas especificamente a cada guerreiro. Muitos outros exemplos da riqueza templária poderiam ser citados, mas isso levaria algumas dezenas de páginas e creio que os Sobrinhos já entenderam que a tão afamada Pobreza dos Templários tinha, em verdade, outro sentido.

Templários eram homens pobres de vaidades, orgulho, ego e pretensões. A Pobreza tinha a ver com o voto de Humildade que prestavam ao ingressar na Ordem e que os obrigava, além da prática do comedimento e do evitar de todo e qualquer tipo de excessos, em todas as coisas, submeter sua vontade a uma rígida Hierarquia, cujo menor questionamento era passível de severas punições, pois o homem que não submete sua vontade a seus comandantes, principalmente quando é um noviço, um aprendiz, ou um Iniciático, jamais poderá comandar, e se por alguma desgraça do destino isso acontecer, poderá levar seu grupo à ruína. Tanto no passado como no presente, devemos estar sempre atentos para Irmãos imaturos, que valorizam mais o Poder do que a Sabedoria e acham que estão prontos para ocupar cargos de liderança, pois esse comportamento, além de falta de humildade, desvela más intenções de promoção pessoal e glorificação de si mesmos, as quais escondem sob uma máscara de pseudo-humildade e discursos oportunistas recheados de clichês demagógicos, capazes de enganar apenas os que se contentam com a superficialidade das coisas, não sabendo enxergar um palmo à frente de seus narizes e o quanto, em verdade, estão sendo enganados.

Uma certa Elite constituída pelos Templários mais dignos, que comandava a Ordem e da qual saíram todos os Grãos-Mestres da mesma, foram homens pobres de vícios, mas infinitamente Ricos em Sabedoria, o que lhes permitiu gerir bem suas riquezas materiais, de forma que a Ordem pudesse se manter e ainda ajudar fartamente os pobres, os desamparados e os menos afortunados, aos quais nunca deixavam faltar abrigo, roupas e comida, caso estivessem em suas terras ou sob sua proteção.

Um dos reais significados dos dois Cavaleiros montados sobre um mesmo cavalo não é a pobreza material e sim a humildade, mas, além disso, esse respeitável Selo da Ordem do Templo nos traz uma grande lição de Irmandade a ser praticada em sentido Universal, quando um certo significado do Selo é compreendido.

Em Selos da Ordem do Templo, bem definidos e não desgastados pelo tempo, podemos reparar um detalhe bem curioso: os dois Cavaleiros não são Europeus, sendo que o Cavaleiro de trás possui feições nitidamente mouras. Mas o que isso quer dizer? Seriam por acaso verdadeiras as acusações que pairavam sobre os Templários, quando de sua perseguição, nas quais os acusavam de terem se unido ao Islã e conspirado com os inimigos da Cristandade, segundo a paranoia da Igreja na Idade Média, onde qualquer um que não rezasse por sua cartilha era visto como inimigo, herege e passível de perseguições, punição e morte?

O misterioso Templário Mouro que aparece sentado na parte de trás do cavalo representa, em verdade, a União de todos os povos, raças e culturas – evidentemente cada um preservando sua identidade, costumes e Tradições – que já era buscada pela Ordem do Templo desde a Idade Média, pois Os Cavaleiros do Templo resumem, até hoje, o Real Espírito Cavaleiresco da seguinte maneira:

"O Real Espírito Cavaleiresco consiste em uma perfeita União entre o Ocidente e o Oriente, visando a um compartilhar enriquecedor de Tradições, Culturas, Filosofias, Religião, Arte e Ciências, a fim de que o Mundo possa progredir como um todo harmônico, onde reine sempre a Paz e a Fraternidade Universal".

Se o Real Espírito Cavaleiresco que nos move, a todos nós Cavaleiros, prega uma sincera e urgente Irmandade Universal, desde sempre, e sendo a De Molay considerada em meio às Tradições Cavaleirescas como uma neoexpressão da Cavalaria, podemos imaginar o quanto a Virtude do Companheirismo, para nós sinônimo de Irmandade, é importante e porque a mesma figura em posição central, em meio às demais Virtudes.

Ordens Secretas não são clubes sociais, em que prevalece muito mais um espírito de amizade e bom convívio social, sendo fundamental compreender a diferença entre os dois tipos de associação, jamais as confundindo ou querendo modificar os costumes, muito específicos e peculiares, existentes em ambas as estruturas.

Na maioria dos clubes sociais conhecidos não são necessárias Iniciações para se ingressar aos mesmos, muitos menos Juramentos solenes, bem como Cerimônias imbuídas de um alto caráter filosófico, místico e esotérico, repletas de símbolos e alegorias, que visam estimular a imaginação e despertar a sensibilidade do Iniciado rumo ao Autoconhecimento e à Busca Espiritual. O que vemos nos clubes sociais, mesmos naqueles em que o ingresso se dá por meio de convites oriundos dos que já fazem parte dos mesmos, é uma adesão formal, muito baseada em fortes laços de amizade ou linhagens hereditárias, complementadas por aderência, como sócio, pagamentos de taxas e participações em diversos eventos sociais, quase 100% voltados para a prática da filantropia. Definitivamente, todos esses elementos não têm nada a ver com o real sentido existente, desde sempre, nas Sociedades Secretas, e ainda que algumas pratiquem a filantropia é necessário entender que não é a Sociedade Secreta que pratica a caridade e o auxílio ao próximo e sim seus membros, que, tocados pelos ensinamentos das mesmas, resolvem por livre e espontânea vontade realizar obras para beneficiar os menos favorecidos. Mas, repetindo, essa postura caritativa é oriunda dos membros das Sociedades Secretas e não uma prática comum dentro da Sociedade em si, uma vez que o objetivo principal das Tradições Herméticas, Esotéricas e Místicas é a Busca Espiritual, o desenvolvimento pleno da consciência e o Autoconhecimento. Quando invertemos esses valores isso termina sempre em confusão, podendo acarretar discussões sérias entre os Membros mais Tradicionalistas das Sociedades Secretas e jovens membros das mesmas, normalmente com ideias moderninhas demais, mas deslocadas de lugar por causa do não entendimento e pouco aprofundamento que essas pessoas possuem em relação à Sociedade Secreta a qual vieram integrar.

O Companheirismo, mais profundamente entendido como Irmandade, dentro da Ordem De Molay une fortemente seus membros que se aceitam, convivem e progridem como verdadeiros Irmãos, compartilhando o melhor que cada um pode oferecer ao outro, exatamente como no Simbolismo Sagrado dos dois Cavaleiros sobre a mesma montaria, explicado alguns parágrafos atrás.

Podemos dizer que o Companheirismo existente entre os jovens da Ordem De Molay começa muito antes do ingresso nela, pois é imbuído por uma forte Amizade que um jovem De Molay procurará normalmente seu melhor amigo, propondo-lhe um convite para que ele deixe de ser seu amigo e passe a ser seu Irmão de Ordem, sendo a Irmandade um laço muito mais forte que o laço da Amizade.

Irmãos de sangue são unidos pelos laços sagrados da Família e Irmãos de Ordem possuem laços tão fortes quanto os laços familiares, uma vez que, quando escolhemos alguém para ser nosso Irmão de Ordem, isso não se dá por acaso, e o sentimento de amizade que temos por essa pessoa é tão forte, tão especial e tão baseado no verdadeiro Espírito do Amor Incondicional que queremos ter o mesmo como nosso Irmão, tendo ficado pequena a estrutura da amizade para comportar tão infinitos sentimentos de lealdade, cumplicidade e amor que sentimos por alguém a ponto de querer chamá-lo de Irmão. Muitos De Molays costumam dizer que seus melhores Irmãos de Ordem já eram, também, considerados por eles os melhores Irmãos fora dela.

Na Ordem De Molay, para ser, realmente, um Verdadeiro Irmão é necessário que, além da Virtude do Companheirismo, o De Molay entenda, vivencie e pratique as outras seis Virtudes tanto dentro como fora da Ordem. O bom Irmão/Companheiro é um excelente filho, respeita seus pais e estimula seus Irmãos a fazerem o mesmo, sendo também considerados pelos pais de seus Irmãos como um verdadeiro filho, que somente dá bons exemplos e conduz os jovens à prática da Virtude e do bem (Amor Filial); reverencia e respeita todas as formas, aspectos e manifestações do Sagrado buscando compreender a Irmandade em um sentido espiritual e transcendental, que vai muito além dos aspectos físicos e do sentido mundano dessa palavra

(Reverência pelas Coisas Sagradas); é um exemplo de cortesia, educação e boas maneiras, jamais constrangendo seus Irmãos ou quem quer que seja, por meio de indelicadezas, desrespeito e posturas inadequadas ao bom convívio social (Cortesia); é fiel não apenas ao seu Irmão, jamais traindo a confiança nele depositada por todas as pessoas com as quais convive, sejam elas iniciadas ou não (Fidelidade); é puro de intenções, no convívio fraterno, jamais maculando a Irmandade com meias verdades, interesses mesquinhos e espírito desagregador, sendo a pureza uma constante em seu reto pensar, reto falar e reto agir (Pureza) e, finalmente, é um verdadeiro patriota, exercendo seus direitos como cidadão, mas cumprindo todos os deveres previstos por lei e presentes na Constituição, que sempre estimula seus Irmãos a jamais descumprir as leis da sua cidade, estado e país, fazendo sempre com que se interessem e encontrem uma maneira de engrandecer a Nação, sob a Bandeira da qual nasceram (Patriotismo).

O Companheirismo também pode ser estendido a uma relação muito especial, tão forte quanto a relação de Fraternidade entre dois Irmãos de Ordem: a relação de filiação entre um Afilhado e seu Padrinho. Apadrinhar alguém para entrar em uma Sociedade Secreta é algo extremamente sério, tanto da parte de quem aceita ser convidado quanto da parte de quem convida a pessoa a tomar parte de um círculo extremamente seleto, onde respira nosso Sagrado convívio fraternal, bem como a Chama Imortal dos mais elevados Mistérios, Sabedoria e Gnose.

Ao longo de uma vida inteira dedicada ao Hermetismo, Esoterismo, Misticismo e Tradição, já vi muitas pessoas promissoras ingressarem nos mais diversos tipos de Ordens existentes e os deixarem mais cedo, ou mais tarde, por não terem se enquadrado em nossos princípios, filosofias, regras, hábitos de estudo e constante prática dos ensinamentos, tanto dentro da Ordem quanto fora dela, visando ampliar a consciência e a uma resposta positiva a um mundo que espera que os Iniciados tornem feliz a humanidade por meio do aperfeiçoamento dos costumes, bem como pelos exemplos luminosos que deve externar todo aquele que recebeu a Luz de nossos augustos Mistérios.

Convidar alguém para ingressar em uma Ordem é dar uma oportunidade de real evolução à pessoa, e caberá somente àquele que foi convidado saber aproveitar a oportunidade que lhe foi dada, ou desperdiçá-la quando decide não seguir nossos princípios, cumprir as obrigações e responsabilidades que a Tradição cobra de todos os Iniciados e se dedicar, realmente, de corpo e alma à Busca Espiritual e ao Autoconhecimento.

É da responsabilidade dos Padrinhos instruir muito bem seus candidatos à Iniciação, muito antes do ingresso dos mesmos em nossas fileiras, a respeito de quem e do que verdadeiramente somos, bem como é dever dos Afilhados absorver esses ensinamentos e se comportar de maneira a Honrar quem lhes colocou dentro da Ordem e trabalhar incessantemente pelo engrandecimento de seu corpo afiliado, bem como pelo progresso da Ordem como um todo. Bons Afilhados são motivo de orgulho de seus Padrinhos e a continuação de certa Linhagem Espiritual oriunda dos mesmos, no seio da Tradição, na qual operam. Observando atentamente os Afilhados, mesmo que não os conheçamos, é possível identificar o Padrinho deles quase que imediatamente, após ouvir algumas ideias defendidas pelos que foram apadrinhados por um Padrinho sério, responsável e que os instrui apropriadamente.

Padrinhos, em nossa sociedade, são vistos como um segundo pai e dentro das Sociedades Secretas são vistos como uma espécie de Pai Espiritual, que lega ao Afilhado toda uma Sabedoria, a qual também recebeu e tem o dever de passá-la pura e imaculada.

Hoje em dia é tarefa muito séria e cada vez mais difícil apadrinhar alguém dentro de uma Sociedade Secreta, pois não se trata de convidar alguém simplesmente por amizade e coleguismo, uma vez que essas duas palavras não são capazes de segurar alguém dentro de uma Instituição Esotérica. Tenho visto muitos bons Padrinhos que, atendendo a um pedido muito especial de outro Irmão, acabam apadrinhando pessoas que não conheciam, ou com quem não conviviam tão profundamente, antes de propor o ingresso à Ordem. Quase sempre isso termina em problemas, pois alguém que não conheçamos simplesmente pode não entender o que fazemos dentro da Ordem e até mesmo escolher outros Irmãos dentro dela, que não o Padrinho, com os quais tenham mais afinidade e se coadunem com os hábitos para guiá-los, algo totalmente errado e inaceitável, pois entre um Padrinho e seu Afilhado o ideal é que ninguém interfira na formação do Apadrinhado, uma vez que existem coisas que somente um

Padrinho pode legar a seu Afilhado. Evidentemente, todos os Irmãos da Ordem auxiliam na formação do novo membro, e daí a importância de todos serem exemplares em suas posturas e condutas, mas é sempre ao Padrinho, até por uma questão de respeito e gratidão, que o Afilhado deve se dirigir em caso de necessidade de aconselhamentos mais profundos e dúvidas mais complexas a respeito da Tradição, o que obriga aqueles que apadrinham a estarem muito bem preparados, formados e instruídos, a fim de que possam orientar seus Afilhados, desde que eles queiram ouvir, evidentemente, sendo impensável um Afilhado não escutar seu Padrinho, ao qual deve o privilégio de ter nascido para uma Nova Vida repleta de infinitas oportunidades de crescimento e desenvoltura, nas mais diversas áreas da existência.

Pensemos muito bem, pensemos duas vezes, naqueles que traremos para nosso Círculo Íntimo de convivência, uma vez que temos excelentes e fiéis amigos que são ótimos para o convívio social, mas não se adaptariam a regras, usos e costumes que regem nossas Sociedades Secretas e a Tradição como um todo. Muitas vezes é possível perdermos não só um Irmão, mas também um bom amigo, caso ele não tenha sido instruído seriamente a respeito do que fazemos e acabe deixando a Ordem justamente por esse não entendimento do que, em verdade, realmente somos. Caso isso aconteça, há que se lamentar a perda, mas nunca devemos nos culpar pela saída de alguém da Ordem, uma vez que o que mantém a pessoa na Ordem não é amizade, festas, convívio social, curiosidade ou quaisquer outros interesses que não estejam vinculados à Busca Espiritual; à prática da Verdadeira Irmandade; ao comprometimento com os estudos e manutenção das Tradições; ao Autoconhecimento e autodesenvolvimento, bem como à seriedade com a qual a pessoa se dedica a esses temas ou não. Quando alguém deixa uma Ordem, não existem responsáveis por isso, a não ser a própria pessoa a quem foi dada uma oportunidade de evolução, que cabe a cada um aproveitar. Os que foram ou se dizem excluídos, em verdade, já haviam excluído a si mesmos muito tempo atrás, alguns, incrivelmente, desde o dia de sua Iniciação, por não terem entendido nada com relação ao que verdadeiramente somos, sendo que, infelizmente, nem quiseram se dar ao trabalho de estudar, aprofundar-se e aprender.

Uma vez tendo sido tomada a decisão de acolher alguém em nosso meio, tornando-o participante de nosso convívio fraternal, é necessário que o novo membro se sinta muito bem-vindo e seja recebido com muito Amor por todos aqueles que já fazem parte da Ordem e, mais particularmente, de um corpo afiliado a ela.

Quando um Irmão mais novo nasce, todos os membros de uma Família, bem estruturada evidentemente, procuram ampará-lo, protegê-lo e cercá-lo de todos os elementos e atenção necessários ao seu desenvolvimento. Na Ordem De Molay a coisa não é diferente, sendo nossa obrigação, como Membros da Família Maçônica, receber o recém-iniciado da forma mais calorosa e receptiva possível, de maneira que ele, tocado pelo nosso Espírito Fraternal, reproduza essa mesma acolhida calorosa, quando ingressarem futuros membros na Ordem.

Temos no Companheirismo, quando entendido e praticado como sinônimo de Irmandade, um dos maiores Tesouros dentro das Sociedades Secretas, que levaremos ao longo de nossa existência, pois muitos são os Irmãos que conhecemos dentro da Ordem e que passaram a ser parte integral de nossas vidas. Aos que se comportam como Verdadeiros Irmãos e Bons Companheiros de Jornada Iniciática, é muito reconfortante saber que em nenhum lugar do mundo estarão sozinhos, pois nossa Irmandade é Universal e transcende as barreiras do tempo e do espaço, dois conceitos ilusórios relativos a uma consciência meramente objetiva e limitada, incapaz de entender os Laços de Fraternidade que nos unem como verdadeiros Irmãos, *ad aeternum*.

Experimento 4 – A Fraternidade Universal

Material Necessário:
– Uma cadeira confortável.

Preparando Você para a Prática

Ao realizarmos esse experimento, queremos abraçar o maior número de seres e transbordar nosso Companheirismo sobre todos, de maneira que sintam isso, mesmo que estejamos muito distantes. É como se objetivássemos uma Comunhão com todas as formas de vida, cujo alcance está muito além do tempo e do espaço.

Para sermos bem-sucedidos é fundamental um sentimento sincero, emanado diretamente de nosso coração e que nos permita entendermo-nos como parte do Todo e conectados a todos os seres, mesmo àqueles que ainda não conhecemos e que podem diferir de nós externamente mas, em essência, são exatamente iguais.

Mas como alcançar e abraçar a todos os seres com nosso Companheirismo, mesmo aqueles que se encontram em outras dimensões, mundos e realidades e vibram de uma forma mais sutil, não sendo perceptíveis aos nossos cinco sentidos?

A resposta começa pelo entendimento da explicação a seguir.

A Aura

Explicando de maneira muito simples, sem entrar em detalhes técnicos, os quais já foram discorridos em outros volumes, principalmente relativos ao tema da Radiestesia, podemos dizer que a Aura é uma energia, uma espécie de campo energético, que circunda todos os seres humanos, plantas e animais.

Podendo se manifestar como uma estrutura energética oval ao redor do corpo humano, ou como forma de raios luminosos emanados a partir do mesmo, a Aura é perceptível aos Clarividentes, e por meio das pesquisas do técnico em eletrônica russo S. D. Kirlian, que criou um maquinário capaz de captar essa sutil vibração, mesmo os desprovidos de Clarividência, ou Percepção Extrassensorial, podem vê-la através das famosas *Fotos Kirlian*.

A Aura possui cores que podem ser interpretadas para vários fins, que vão desde a definição do estado de espírito de uma pessoa, em determinado momento, até para fins terapêuticos, que englobam a definição de certas doenças, baixa vitalidade e elementos correlatos. Evidentemente, para interpretar as vibrações e colorações da Aura, um longo estudo é necessário e isso não é uma tarefa para novatos, mas para pessoas que possuem muitos anos de pesquisa em áreas como Radiestesia, Parapsicologia e Apometria, apenas para citar três exemplos de áreas que abrangem esse tipo de estudo.

Nosso objetivo aqui não é fazer um vasto estudo sobre a Aura, mas entendermos que a mesma, uma vez que esteja fortalecida, pode nos beneficiar e muito, no sentido de aumentar nossa imunidade, tanto física quanto extrafisicamente falando. Também, por meio desse experimento, vamos aprender a expandir nossa Aura e carregá-la de bons sentimentos e vibrações, que poderão ser irradiados ao nosso redor, tanto para auxiliar pessoas como para mudar o clima e a vibração de um ambiente, sendo necessária apenas nossa presença física no mesmo para que isso se dê.

Vivemos em meio a um Universo vibracional e todos já se depararam com pessoas, objetos e locais dos quais sentiram algo intensamente positivo assim que entraram em contato, bem como já sentiram uma extrema aversão, intranquilidade ou impaciência, sem motivo, razão ou causa aparente, ao interagir com alguém, entrar em um ambiente ou simplesmente tocar em um objeto. Isso explica por que todos os objetos, lugares e pessoas têm suas próprias vibrações, sendo algumas muito fortes, capazes de ficarem gravadas em um local específico, ou num objeto que tenha pertencido a alguém.

Uma vez que impregnamos tudo ao nosso redor com pensamentos, palavras e ações, vamos aprender a emanar uma Aura de Companheirismo, visando não só sermos benquistos por todos os seres, mas também sermos emanadores de uma energia muito especial, a qual permita que vibremos fraternidade, companheirismo, sinceridade, felicidade e paz, tocando positivamente a todos os que entrarmos em contato, daqui para a frente.

O Experimento

1º) Procure sentar-se em uma cadeira confortável, em seu quarto de dormir, e acomode seu corpo da melhor maneira possível;

2º) Feche os olhos e realize uma profunda inspiração, sempre de acordo com sua capacidade pulmonar, sem que sinta nenhum tipo de desconforto; com os pulmões cheios, retenha o ar por alguns segundos e depois expire suavemente, esvaziando primeiro os pulmões e prosseguindo para a região abdominal, até expelir o ar; faça isso de três a cinco vezes para se acostumar com esse ritmo respiratório;

3º) Comece, após a última respiração preparatória, a inspirar o ar, mas quando o mesmo estiver retido em seus pulmões visualize, ou seja, veja com os olhos da mente, uma luminosidade dourada ao redor de todo o seu corpo e sustente essa energia durante o tempo em que estiver retendo o ar em seus pulmões, depois expirando suavemente o ar;

4º) Inspire novamente e, ao reter o ar nos pulmões, visualize essa aura dourada, ao seu redor, se expandindo um pouco mais; expire o ar;

5º) Você deverá prosseguir, sempre com o mesmo ritmo respiratório, visualizando o ampliar dessa energia dourada que parte de seu corpo, até que a mesma tenha tomado todo o seu quarto de dormir, no primeiro dia que realizar o experimento;

6º) Quando chegar ao ponto em que sua aura dourada tiver tomado completamente seu quarto, passe, simplesmente, a inspirar e expirar o ar serena e tranquilamente; procure então começar a preencher sua aura com seus melhores sentimentos, emoções, pensamentos elevados e nobres, de maneira que sua aura, pouco a pouco, vá ficando carregada com um intenso positivismo que o fará sentir-se muito bem; como a aura está expandida em seu quarto, também pode carregá-la com elementos que constituem sua personalidade, a fim de que um pouco de você fique impresso, por meio de sua força de pensamento, em seu quarto de dormir. Algumas pessoas que já realizaram esse experimento narraram que, mesmo não se encontrando em seus quartos, às vezes até não se encontrando na casa, foram avisadas, quando retornaram a ela, por pessoas que haviam entrado em seus quartos, que elas haviam sentido fortemente a presença dos donos do aposento neles, mesmo que não estivessem fisicamente lá. Isso se explica pelo fato, já comprovado, de que tanto ambientes, como objetos pessoais, captam as vibrações emanadas por seus donos. Como você está emanando essa aura dourada em seu quarto de dormir, e depois impregnando-a com boas vibrações e elementos de sua personalidade, é natural que outras pessoas sintam você em seu quarto, mesmo quando não esteja em sua casa;

7º) No primeiro dia, você deverá preencher com sua aura unicamente seu quarto de dormir, não devendo levar mais que dez minutos para realizar o experimento; ao término dele, simplesmente comece a movimentar o corpo aos poucos, abrindo finalmente os olhos e mantendo sua aura dourada expandida. Deixe seu quarto de dormir e vá cuidar das atividades do dia a dia, sempre mantendo a visualização da aura ao longo do mesmo, de maneira que suas boas vibrações continuem se processando nessa aura ampliada, quando estiver andando por aí e interagindo com outras pessoas;

8º) Ao longo dos próximos dias, procure ir expandindo sua aura por outros cômodos de sua casa e, tendo completada sua expansão, amplie essa aura pelo bairro, cidade, estado, país e planeta Terra; da Terra irradie sua aura para o Sistema Solar, Galáxia e Universo, procurando sempre infundi-la com seus melhores pensamentos, sentimentos e emoções, de maneira que sua aura possa tocar e abraçar todos os Seres, mesmo os que não pertençam ao nosso plano e dimensão;

9º) Evidentemente que, quanto mais formos expandindo e irradiando nossa aura ao longo dos dias, o exercício poderá se tornar um pouco mais longo, mas a expansão plena, quando atingimos o nível de expansão pelo Universo, ao termos adquirido uma certa prática, não necessita durar mais do que dez minutos, após atingirmos esse estágio; no início podemos demorar um pouco mais, mas com o tempo e a prática esse exercício de expansão áurica se torna muito fluídico e natural, não levando mais que poucos minutos para que se processe a expansão total;

10º) Procurar nutrir nossa aura com sentimentos de Companheirismo, fraternidade, amizade e muito positivismo faz com que sejamos percebidos pelas outras pessoas como alguém extremamente amigo, agradável e em quem se pode confiar, mesmo que não abramos nossa boca, muito menos saibam as pessoas quem nós somos e de onde viemos. Elas simplesmente se sentem bem, confortáveis e seguras em nossa presença, pois os fluidos emanados de nós são nobres, bons e virtuosos, sendo os mesmos capazes de tranquilizar qualquer um, e poucas coisas são mais nobres do que passarmos confiança às demais pessoas, estando a mesma arraigada a um caráter cordato e exemplar, em todos os sentidos;

11º) Após alguns meses, quando já estiver dominando plenamente sua expansão áurica, bem como o inserir de boas vibrações nelas, você poderá começar a vibrar um tipo de aura ainda mais específica, principalmente no tocante a ajudar os enfermos e necessitados; o procedimento é muito simples, bastando visualizar sua aura em um tom verde-claro, antes de sair para visitar algum doente, pois o verde é a cor da Cura e da Verdade e, se nos aproximamos de alguém enfermo com nossa aura fortalecida e expandida nessa cor, transmitimos alívio, força, sustentação, suporte e apoio, quando em visitas àqueles que estejam passando por algum problema de saúde, sendo nossa presença sempre edificante e revigoradora para os doentes visitados por nós;

12º) O real e sincero desejo de ser Companheiro das pessoas com as quais viermos a entrar em contato, quando combinado com nossa aura, faz com que passemos por essa vida expandindo o melhor de nós e, consequentemente, pela Lei de Causa e Efeito, recebendo o melhor das pessoas. Quando não gostamos da maneira como o mundo está nos tratando, e isso inclui as pessoas com as quais convivemos, precisamos nos perguntar francamente o que estamos emanando a partir de nós, pois uma vez que os sentimentos e emanações forem nobres, belos, puros e verdadeiros, o que nos aguarda é a mais extraordinária de todas as vidas, com acontecimentos felizes e auspiciosos, que passam a acontecer quase a toda hora, em resposta ao desejo de ser um Fiel e Bom Companheiro, somado às boas vibrações emanadas de nossos Seres. Experimente. Vale a pena!

A simples intenção de expandir nossa Aura carregada de bons pensamentos, sentimentos e emoções já nos faz partes integrantes do Universo e Companheiros de todos os Seres, aos quais estamos ligados, tenhamos consciência disso ou não; mas, independentemente de qualquer coisa, como o desejo de um Eu bem nutrido é nutrir outros Eus, emanar boas vibrações de Paz, Amor, Felicidade, Equilíbrio, Harmonia, Saúde e Prosperidade é o brado que nos compete visando tornar feliz a humanidade.

Selo da Ordem dos Pobres Cavaleiros de Cristo e do Templo de Salomão, tomado por alguns como símbolo de pobreza e humildade, em verdade significa o Real Espírito Cavaleiresco, a saber: "O Real Espírito Cavaleiresco consiste em uma perfeita União entre o Ocidente e o Oriente, visando a um compartilhar enriquecedor de Tradições, Culturas, Filosofias, Religião, Arte e Ciências, a fim de que o Mundo possa progredir como um todo harmônico, onde reine sempre a Paz e a Fraternidade Universal". A inscrição em Latim que vemos circundando os dois Cavaleiros, Sigillum Militum XPisti, em alguns círculos significa Selo dos Soldados de Cristo. Já em outros círculos mais Herméticos e Cenáculos da Tradição Esotérica Ocidental, a mesma tem significados mais abrangentes e profundos que os da mera tradução do latim para o português.

Capítulo 10

A Fidelidade

"A verdadeira Fidelidade não pode ser cobrada, pois ela é um presente muito raro, que pode ser concedido, apenas, por aqueles que são fiéis a si mesmos, em primeiro lugar."

Aleph, o Areopagita

Fidelidade está intimamente associada à palavra Lealdade, bem como ao cumprimento da palavra empenhada e à heroica Fidelidade de Jacques De Molay – que preferiu a morte a ter de trair seu juramento e entregar as rotas de fuga de outros Irmãos Templários, que conseguiram escapar da perseguição engendrada por Felipe IV e pelo papa Clemente V, recebendo os Cavaleiros do Templo guarida, proteção, suporte e apoio em Portugal, na Escócia, Inglaterra, Espanha, Alemanha e até mesmo no sul da França. Provavelmente, entre os vários exemplos deixados por nosso Herói e Mártir, esse seja o mais notório e digno de ser seguido: Ser Fiel sempre.

Hoje em dia vivemos tempos difíceis, em que a fidelidade das pessoas oscila como velas aos ventos e ao sabor dos interesses, muitos deles desprovidos de uma norma moral autêntica. Sob a argumentação, muitas vezes usada de forma interesseira e oportunista, de que tudo é relativo, vemos pessoas que haviam empenhado sua palavra e tempos depois se esquecem dela, valendo-se de uma série de argumentações efêmeras e estapafúrdias, em meio a uma desesperada tentativa de ficar bem com a consciência, após ter rompido e voltado atrás na própria palavra empenhada.

É necessário que exaltemos e incentivemos cada vez mais os jovens da Ordem De Molay, pois sustentar e manter seu Juramento, bem como perpetuar em pensamentos, palavras e ações as Sete Virtudes que norteiam a vida de um De Molay, hoje em dia, são tarefas tão heroicas quanto heroico foi Jacques De Molay, na manutenção de sua Fidelidade à Ordem Templária e a si mesmo, como exemplar Cavaleiro Templário cumpridor de seus deveres e da Regra da Ordem do Templo idealizada por Bernard de Clairvaux.

Nitidamente estamos vivendo em um mundo onde os avanços tecnológicos são visíveis a cada dia, mas evolução tecnológica e científica não tem nada a ver com a Evolução da Consciência, do gênero humano, que vem se degradando ao longo dos últimos milênios de forma avassaladora. É extremamente perigoso cairmos na ilusão de que o progresso intelectual e tecnológico pode substituir o progresso da Consciência, pois estamos falando de duas coisas totalmente diferentes.

Inteligência, sem Sabedoria, facilmente se converte em esperteza, que acaba se traduzindo em levar vantagens sobre o próximo a qualquer custo, não sendo desprezado o pensamento maquiavélico de que os fins justificam os meios e que podemos esquecer todas as noções de ética, que quando praticadas refletem, essas sim, na demonstração de uma Consciência evoluída.

Hoje em dia, ao observarmos a juventude e a compararmos com uma geração anterior apenas, não sendo necessário irmos muito longe em direção a um passado distante, em termos comparativos, reparamos que se perdeu totalmente a noção de limites e do respeito que devemos às autoridades constituídas, a começar pelo respeito que começa dentro de nossos lares devido aos nossos pais, responsáveis e a todos aqueles que se predispõem à grande tarefa de educar um jovem.

A Ordem De Molay é uma forte e poderosa aliada no auxílio da boa formação e educação de um jovem, pelos princípios nos quais está baseada e pela força das Virtudes ensinadas e perpetuadas por todos os De Molays sinceros, que procuram não se deixar influenciar pela notória queda do nível de Consciência relativo não apenas aos jovens que estão na mesma faixa etária de um De Molay, bem como a deturpação da Consciência relativa até mesmo aos adultos, que deveriam dar um bom exemplo para a formação juvenil, sendo que, infelizmente, o que vemos atualmente acaba sendo justamente o contrário disso.

Um dos trechos mais importantes do Juramento prestado por um De Molay, quando de seu ingresso na Ordem, fala sobre manter o corpo livre de dissipações e a mente afastada de tudo o que avilta e depõe contra a juventude. Por que esse trecho do Juramento é extremamente importante, no tocante à prática da Fidelidade?

Quando falamos em Fidelidade, Juramentos e o seguir das Sete Virtudes Cardeais, é necessário que entendamos a quem será dedicada nossa Fidelidade, bem como quem nos cobrará incessantemente nosso Juramento e de que resultará a perpetuação das Sete Virtudes.

É impossível, quando levamos as coisas a sério e compreendemos profundamente o significado oculto por trás de todos os elementos que constituem uma Ordem Secreta, bem como a Tradição, praticarmos a Fidelidade em qualquer outra esfera, que não se dirija à nossa pessoa, em primeiríssimo lugar. Mas como ser fiel a si mesmo, se poucas pessoas sabem quem verdadeiramente são? Daí entendemos que para a prática eficaz da Fidelidade é necessário que conheçamos um pouco melhor a nós mesmos, em primeiro lugar, uma vez que o respeito e a lealdade que dedicarmos a nós serão exatamente iguais à Fidelidade estendida e dedicada em relação ao próximo.

Todo aquele que mantém seu corpo livre de dissipações, valendo-se da Virtude da Pureza, como uma forte aliada nesse processo, está sendo Fiel a si mesmo. A dádiva de um corpo saudável que recebemos de nosso Pai Celestial, agregada à oportunidade de estarmos vivos e encarnados neste planeta, por meio do Amor de nossos pais que nos gerou, jamais deveria ser maculada pela exposição desse corpo a qualquer tipo de riscos e excessos físicos desnecessários, muito menos pelo consumo de drogas, incluindo as bebidas alcóolicas, cujo consumo é proibido pela Constituição de nosso país a menores de 18 anos de idade.

Bebidas alcóolicas ingeridas em excesso, mesmo depois de se atingir a idade permitida para o consumo, contribuem para a dissipação de nossa Consciência, bem como para a desagregação e degradação de nosso organismo, resultando em uma saúde precária e em quadros muitas vezes irreversíveis, uma vez comprometidos certos órgãos existentes em nosso corpo. São fato consumado os danos que o álcool, em nível emocional e psicológico, causa à pessoa, levando-a a praticar atos ou dizer certas coisas que jamais diria se estivesse sóbria.

Uma vez que a Real Fidelidade a nós mesmos, em primeiro lugar, envolve estarmos cada vez mais conscientes de nossos potenciais e nos questionando a respeito de quem somos, de onde viemos e para onde vamos, como é possível chegar a esse nível elevado de autoanálise e Autoconhecimento, sem estarmos totalmente sóbrios e livres de qualquer substância inebriante, alucinógena ou psicotrópica, em nosso organismo? Claramente podemos perceber que a Fidelidade a nós mesmos tem tudo a ver com manter nosso organismo livre de tudo aquilo que não seja natural ao mesmo e possa lhe causar sérios danos imediatos ou a longo prazo.

Certa vez, perguntei a um jovem por que não apenas ele, mas também seus amigos, tinham todos uma necessidade desesperada de beber excessivamente antes mesmo de o final de semana começar, sendo que em festas e baladas alguns chegavam até a passar mal, tamanha a quantidade de álcool ingerida. O mesmo me respondeu que alguns jovens bebiam porque queriam ser felizes e outros bebiam porque queriam esquecer. Evidentemente fiquei surpreso com as respostas, uma vez que Felicidade não tem nada a ver com perda de consciência e com o colocar de sua reputação, saúde e até mesmo integridade física em risco, por conta do abuso de bebidas alcóolicas. Lamentavelmente as pessoas confundem momentos de euforia, muitos deles bestiais e instintivos, com Felicidade, sendo que a mesma está até acima da alegria, a qual não passa de um breve momento, quando comparada à Verdadeira Felicidade que é um Estado de Espírito, toda uma Filosofia de Vida, que quando praticada conscientemente pode levar o ser humano a um nível mais esclarecido de Consciência, capaz de realmente compreender o que é essa tal Felicidade, segundo o Dalai Lama: um dos principais objetivos da vida humana.

No tocante à segunda parte da resposta do jovem, que para justificar o excessivo uso de bebidas alcóolicas entre a maioria dos jovens, hoje em dia, me disse que os mesmos estavam bebendo para tentar esquecer, imediatamente lhe lancei uma pergunta na forma de um **Koan**, que são questões, afirmações, narrativas ou diálogos que se processam de forma a serem inacessíveis à razão puramente objetiva, praticados dentro do Zen-Budismo, cujo objetivo é arrancar a consciência do estado de adormecimento que a mesma vive e apontá-la para a Iluminação. Virei para o jovem e perguntei:

"Você me diz que as pessoas bebem para tentar esquecer e eu lhe pergunto: Do que vocês querem se esquecer, uma vez que nunca tentaram se lembrar, pelo menos até agora, de coisa alguma, muito menos de quem vocês realmente são?".

A pergunta causou uma reação imediata no jovem, que apesar de ter tentado dar respostas racionais, todas elas derrubadas em segundos de contra-argumentação, levaram-no a compreender que realmente seria necessária uma profunda reflexão, antecedida de um período de silêncio, caso o mesmo quisesse compreender toda a profundidade por trás da pergunta que lhe foi proposta, o que lhe lançaria para outro patamar de consciência, fazendo com que ele compreendesse que não é a fuga de nossa realidade, gerada por meios inebriantes e psicotrópicos, que nos leva à verdadeira Felicidade, e sim o estarmos completamente conscientes a respeito de quem somos e aplicando intensamente nossos inúmeros potenciais interiores, que uma vez descobertos e acionados podem nos levar a uma vida saudável e feliz em todas as esferas de nossa existência.

Toda lealdade, sinceridade, honestidade, franqueza, integridade e Fidelidade com as quais tratamos os outros está totalmente vinculada à forma pela qual procuramos praticar essas Virtudes com relação a nós mesmos, em primeiro lugar, uma vez que ninguém pode dar o que não possui.

Ser Fiel a si mesmo envolve muita auto-observação a fim de que encontremos o ritmo ideal de desenvolvimento e respeito que devemos ao nosso organismo físico, bem como a uma mente ordenada, criativa e aberta agregada a um coração, emoções e sentimentos luminosos, que culminam em uma Grande Alma disposta a aproveitar ao máximo a grande oportunidade de poder estar vivendo conscientemente a presente encarnação, fazendo com que a vida realmente tenha a ver com a pessoa que a vivencia, pois ela procura ser muito fiel em pensamentos, palavras e ações a si mesma, dando um testemunho a cada dia do quanto é bom vivermos uma vida que realmente tenha a ver conosco, muito distante das ilusões e do comodismo limitador pelo qual a maioria das pessoas opta, se tornando reféns infiéis de suas autoilusões, sem a menor conexão com tudo o que é belo, inspirador e autêntico, no sentido de uma vida que realmente valha a pena ser vivida.

A Fidelidade que dedicamos ao nosso próximo tem sua forma mais visível no cumprimento da palavra empenhada, bem como no honrar de promessas, compromissos e Juramentos, quando os mesmos são compreendidos em um nível tão essencial que faz com que a pessoa entenda o fato de que será cobrada sempre por sua própria Consciência, da qual não podemos fugir, apesar das inúmeras tentativas no sentido de nos autoenganarmos e tentarmos encontrar justificativas à não manutenção da Fidelidade, conseguindo com isso apenas uma enorme frustração, a perda da confiança das pessoas em nós e o ampliar da distância abismal entre o Verdadeiro Ser Luminoso que deveríamos ser e a triste caricatura que nos tornamos quando não somos verdadeiros, sinceros e francos conosco mesmos, deixando também de estender essa dádiva respeitosa de sinceridade e lealdade às demais pessoas.

Eu aprecio muito um termo oriundo do Hinduísmo e extremamente conhecido pelos que seguem os vários caminhos de desenvolvimento, cuja origem é a Índia, como por exemplo o Yoga, palavra que quer dizer *União*. Entre milhares de palavras originárias do Sânscrito existe uma, em especial, que uma vez compreendida pode nos ensinar muito a respeito da prática da Fidelidade. Essa palavra é **Namastê**, cujo significado é: *"O Deus (A Essência) que habita em meu Coração saúda O Deus que habita em seu Coração"*. Essa saudação é feita com as mãos unidas e uma leve curvatura em direção à pessoa, ou pessoas, às quais nos dirigimos, em uma demonstração da aceitação da Divindade existente em cada um de nós, bem como a perpetuação de um ato de humildade, que visa servir e honrar o próximo, em reconhecimento à sua Essência Divina.

Namastê nos ensina a olharmo-nos muito além das aparências exteriores, a fim de que possamos nos reconhecer como Seres Luminosos, Essencialmente Divinos, uma sublime imagem diante da qual cai por terra e perde totalmente o sentido toda e qualquer tentativa de enganar, magoar ou ferir o próximo, uma vez que estaríamos a fazer o mal para nós mesmos, uma vez que a Essência que habita no outro é a mesma Essência que habita dentro de nós. Essa Essência, essa Partícula de Deus Luminosa, que vibra dentro de nós, ainda que não tenhamos consciência plena disso, é oriunda de Uma mesma Origem Divina, Fonte da Emanação de todos os Universos Visíveis e Invisíveis, bem como de todas as dimensões, seres e coisas.

Quando nos reconhecemos como Templos Vivos, que servem de abrigo para O Deus de Nossos Corações e de Nossas Compreensões e estendemos esse entendimento ao próximo, passamos a não temer mais o outro, por reconhecermos sua origem, também Divina, tornando-se algo natural expressar aos nossos Irmãos(ãs) encarnados aqui na Terra toda a nossa Fidelidade, Sinceridade, Franqueza e Lealdade, que deixam de ser apenas normas de comportamento associadas à civilidade, ética e Cortesia, passando a representar uma maneira respeitosa de honrar o próximo, que passa a ser reconhecido, essencialmente, como uma extensão de cada um de nós.

Uma vez que Fidelidade também pode ser associada à Honra, costumo dizer que a Honra é um presente que o homem dá a si mesmo, principalmente quando honra sua palavra empenhada. A Palavra é Sagrada desde sempre e em muitos contextos religiosos até a própria Criação e mitos relacionados à Origem possuem o Verbo como sendo algo Divino, com nítido poder criador.

Somos senhores de tudo o que ainda não dissemos e tornamo-nos cativos das palavras e expressões por nós verbalizadas. Isso já nos faz pensar seriamente a respeito da maneira pela qual usamos nosso Verbo, pois sem dúvida alguma seremos melhor ou pior vistos pelos outros de acordo com a manutenção, de acordo com o suporte que daremos às nossas palavras depois de as ter pronunciado.

Caso não saibamos a respeito do que estamos falando, por que falar? Caso, mesmo no ato de prometer algo, se já sabemos logo de início, antes mesmo de a promessa ter sido feita, que não a cumpriremos, por que prometer?

A Honra e o Comprometimento com a palavra empenhada são algo bem mais sério que pensamos e somente uma pessoa realmente fiel a si mesma consegue angariar a confiança de seu próximo, por meio do costumeiro hábito de manter a palavra empenhada, mesmo que todas as circunstâncias mudem e pessoas de vontade efêmera e caráter dúbio fiquem tentando dissuadir aquele que empenhou sua palavra a não cumprir com a mesma, sendo essa uma causa totalmente perdida quando encontram pela frente alguém de caráter ilibado, que não quer ser visto como velas aos ventos, que sopram sempre para os portos mais vantajosos mudando de direção de uma hora para outra, muito menos visa ser conhecido como o famoso *"Maria vai com as outras"* ou, atualmente, do jeito que a coisa está, *"Maria vai com todas"*, sabendo que não achou seu sobrenome no meio da rua, muito menos construiu uma reputação ao longo de toda uma vida para perdê-la por conta de maus conselhos e da ridícula cultura do relativismo oportunista, no qual o que valia ontem, hoje já não vale mais nada.

Repito veementemente que os Sobrinhos De Molays devem ser exaltados e elogiados por se manterem Fiéis às Virtudes Cardeais que norteiam suas vidas, pois hoje em dia muitos são aqueles, ou aquelas circunstâncias, que tentam dissuadi-los de continuar seguindo o Bom Caminho das Virtudes. Diria até que SER, realmente, um De Molay é uma tarefa de resistência espartana, a qual jovens bravos e corajosos que abraçaram a Causa da Ordem De Molay desempenham hoje, em meio a um mundo que simplesmente regrediu e passou a valorizar e até mesmo a exaltar e premiar o medíocre, o mau exemplo e tudo aquilo que avilta e depõe contra a boa formação da juventude.

Nas Ordens, não desejamos ser nem melhores nem piores do que ninguém, mas, com certeza, procuramos ser melhores filhos, irmãos e amigos do que temos sido, em Honra e Fidelidade à nossa Essência, em primeiro lugar, sem a qual não adianta tentarmos reproduzir na sociedade o respeito que não concedemos a nós mesmos.

A Fidelidade tem até mesmo a ver com o respeito que temos pelo Sagrado, bem como tudo o que o envolve, como, por exemplo, na Via da Busca Espiritual, nossa Iniciação, nosso Juramento e passagens para Graus mais Elevados, dentro dos contextos iniciáticos nos quais operamos.

Uma vez que, quando entendemos e levamos a Iniciação a sério, estamos nos despindo de nosso falso eu em busca de um Eu Renascido, dentro do qual será possível trabalharmos na edificação de uma vida mais autêntica e que tenha realmente mais a ver conosco, a Iniciação passa a ser uma ferramenta muito importante a todo aquele que busca, simbolicamente, morrer para um modo de vida muitas vezes ultrapassado e sem conexões reais com o que a pessoa deveria estar manifestando em sua existência, servindo a Via Iniciática de trampolim para que possamos dar um salto quântico, em matéria de produzir uma elevação de Consciência, que uma vez ocorrida nos esclarece a respeito de quem somos, sendo impossível, atingida essa consciência, deixarmos de praticar a Fidelidade relativa ao nosso Eu recém-descoberto e renovado, que não se coaduna mais com a falsidade de uma pseudovida desprovida da prática da Fidelidade a si mesmo, que passa a ser estendida e compartilhada com as demais pessoas, em todos os nossos pensamentos, palavras e ações.

Nossos Juramentos, em meio à Senda Espiritual, são algo Sagrado e devem ser prestados sem a menor coação e dentro de um nível de entendimento que transcenda, e muito, o significado meramente intelectual, racional e objetivo contido em cada palavra que os constitui.

Estudar cada palavra, cada linha de um Juramento procurando compreender sua Essência e sua relação com o próprio desenvolvimento daquele que presta o Juramento e o que a prática do mesmo pode fazer em sua vida, em nível evolutivo, faz com que o membro de uma Ordem seja Fiel a ele não por obediência a uma estrutura exterior, ou por medo de um poder constituído, mas pela ressonância de cada palavra do Juramento, entendido como um farol para a evolução de sua Alma; um bálsamo capaz de fazer desabrochar a Rosa em nossos Corações e um alento inspiracional para nossa Mente objetiva, que, tocada pela Luz da proposta evolutiva apresentada em cada parágrafo de um Juramento, passa a produzir pensamentos, palavras e ações inspiradas no Reto Pensar, no Reto Falar e no Reto Agir.

A Fidelidade, no tocante à ascensão pelos Graus que constituem a estrutura hierárquica de uma Ordem Secreta, nos chama à responsabilidade de que, quanto maior o Grau galgado, mais Fiel deve se mostrar O Iniciado à Tradição escolhida por ele para perpetuar sua Busca por Autoconhecimento e desenvolvimento Espiritual.

Muito além da luz efêmera dos metais, que reluz em medalhas, comendas e joias representativas dos cargos que ocupamos dentro das estruturas Iniciáticas, está a real necessidade de lembrarmos por que usamos essa paramentação muito específica e emblemática, que jamais deve ser concedida, muito menos aceita, para polir egos e vaidades, que tornam enferrujadas e sem valor qualquer joia, comenda, colar ou medalha, quando utilizadas de forma egoica.

Paramentos das mais variadas espécies, tipos e formatos encontrados desde sempre nas Sendas da Tradição representam Símbolos e Alegorias muito importantes, quando compreendidos dessa forma.

Todo aquele que usa uma joia relativa ao seu cargo, como Oficial, dentro de uma estrutura de Ordem Secreta deve revestir-se não só dos paramentos externos relativos ao cargo, mas acima de tudo revestir-se do Real Espírito e Essência do mesmo, ao qual se chega por meio de muito estudo e anos de dedicação ao cumprimento esmerado, primoroso e perfeito de tudo que é relativo ao cargo, cuja joia representa aquele que a ostenta e os méritos relativos à perfeita compreensão do cargo exercido e seus trabalhos correlatos.

Tanto as insígnias relativas a um cargo Oficial quanto as paramentações diferenciadas de certos Graus Superiores existentes em meio à estrutura de diversas Ordens Esotéricas Ocidentais atestam o elevado Grau de Sabedoria que deve ser externado por todo aquele que porta tais elementos em meio às suas vestes rituais.

Cada símbolo e cada alegoria que compõem a vestimenta de um Franco-Iniciado serve para lembrá-lo dos resultados conseguidos por meio da dedicação, do esforço e do empenho, no afã de ser um Iniciado exemplar tanto dentro como na vida profana, fora da Ordem, o que acaba culminando na ascensão e subida cada vez maior, também se aumentando a responsabilidade, quanto mais avançamos.

Não são os prendedores, fivelas, muito menos alfinetes que seguram uma medalha, comenda ou insígnia em nossas vestes rituais quando em meio a um ritual, ou no exercer de um cargo Oficial, mas a Fidelidade à Tradição e a nós mesmos, que fazem com que sejamos reconhecidos como autênticos representantes da Ordem servindo como verdadeiros faróis exemplares a orientar os que estão sob nosso comando e abaixo de nós, em nível hierárquico, mesmo que estivermos desprovidos de nossos paramentos e títulos.

A Fidelidade, o respeito e o esmero, com os quais perpetuamos nossas funções em meio a uma estrutura iniciática, fazem com que sejamos reconhecidos, nunca por nós mesmos, mas sempre por nossos Irmãos que, mesmo que estejamos desprovidos de qualquer veste ou paramento ritual hierárquico, nos permitem continuar sendo reconhecidos por nossos Irmãos na Senda, como alguém que, de tão a sério que levou seus Juramentos, promessas e compromissos, passa a ser digno de confiança, mesmo em meio aos não Iniciados nos Mistérios, sendo reconhecido em qualquer lugar, momento ou condição como um digno e exemplar representante da Tradição Esotérica.

Concluindo, cabe ao Jovem De Molay ser não apenas um exemplo, mas O Exemplo de tudo o que é bom, digno e perfeito nesse mundo.

Antigamente os Cavaleiros eram responsáveis pela guarda e proteção dos pobres, fracos e oprimidos. O Real Cavaleiro era alguém digno de confiança, cujo simples fio de sua barba valia a palavra empenhada. Alguém a quem realmente poderíamos confiar nossas vidas, seguros de que seriam zeladas.

Os Cavaleiros eram Fiéis, Leais e dedicados à Causa que abraçavam até a morte e deles jamais se esperariam o descumprimento da palavra, o perjurar de um Juramento, o falsear de uma verdade, muito menos um falso testemunho contra alguém, mesmo que ao dizerem a verdade colocassem suas vidas em risco, uma vez que, como Franco-Iniciados nos Mistérios, não temiam também a morte, muito menos se curvavam perante os tribunais e a limitada capacidade de Justiça dos homens, uma vez que tinham consciência de que seriam, em verdade, julgados nas mais Altas Instâncias da Invisibilidade, quando deixassem o plano físico, corruptível e mortal rumo às Elevadas Moradas da Alma, cujas portas estão sempre abertas a todo aquele que é Fiel, Leal, Sincero e Verdadeiro em seus procedimentos, valorizando cada minuto da Vida aqui na Terra e mantendo erguido o Estandarte da Verdade, a fim de que todos possam vê-lo e se inspirar.

Temos saudades dos tempos de outrora, mas não vivemos no passado, uma vez que o Real Espírito Cavaleiresco, sem perder sua Essência Tradicional, muda e evolui de acordo com as Eras, tendo nossos dias de hoje os continuadores da Grande Obra, não apenas dos Templários, mas também de todas as Ordens Cavaleirescas dignas dos Nomes, feitos heroicos e de todo um Legado trazido do passado, cujo um dos depositários atuais é a Ordem De Molay, por meio dos Jovens Cavaleiros, nossos Sobrinhos, que a integram.

Se por um lado a Ordem De Molay oferece inúmeras oportunidades de crescimento para um jovem, nas mais variadas esferas da vida, por outro muito é cobrado dos De Molays, no tocante à resposta que um mundo ávido por bons exemplos espera dos nossos Sobrinhos. Essa cobrança é válida e nem um pouco difícil de responder, pois sabemos que nossos Jovens De Molays, por se manterem Fiéis a si mesmos, bem como ao seu Juramento, às Virtudes Cardeais e aos Baluartes evidenciados em nossa Bem-amada Ordem, jamais deixarão de ser bons Filhos, Fiéis Amigos e exemplos de ser humano, onde pode ser depositada toda a confiança dos homens de bem, sem a menor preocupação de arrependimentos futuros, pois estamos confiando em De Molays, esses jovens exemplares em tudo o que fazem, dignos representantes dos Cavaleiros de outrora.

Experimento 5 – Reflexão e Regeneração

Este experimento, relativo à Fidelidade, se assemelha muito mais a uma profunda reflexão do que a uma prática em si. Ainda que seja extremamente simples, produz resultados significativos, no tocante a começarmos a levar uma vida mais de acordo com o que verdadeiramente somos.

Material Necessário:

– Um pouco de incenso de sua preferência.

Preparando Você para o Experimento

– Este experimento deve ser realizado alguns minutos antes de dormir, de preferência sentado sobre a cama, a fim de que o sono não nos vença;

– Queimar um pouco de incenso no quarto, sempre deixando um espaço para a ventilação, principalmente os que tiverem algum problema respiratório. Em casos de intolerância ao incenso, ele pode ser substituído por vaporizadores com essências, que estejam mais de acordo com o praticante e não lhe estimulem nenhum tipo de reação inconveniente; é sempre de bom-tom cada um saber seus limites com relação ao estado de saúde e, em caso de dúvidas, procurar consultar sempre um bom médico;

– Tomar um banho antes da prática e depois dela ingerir um copo de água, não muito grande, para simbolizar sua purificação interior.

O Experimento

1º) Sentado na cama confortavelmente, feche os olhos e realize o mesmo ritmo respiratório que já foi ensinado em outros experimentos, buscando inspirar o ar, reter nos pulmões por alguns segundos e expirar pela boca ou nariz, repetindo esse ciclo todo de três a cinco vezes;

2º) Após concluir os ciclos iniciais de respiração ritmada, respirar natural e serenamente procurando adotar uma atitude mental tranquila;

3º) Começar a se visualizar no início desse dia, que agora terminou, relembrando todas as coisas que tiver feito, pessoas que tiver encontrado e circunstâncias pelas quais tiver passado, não importando se a situação lhe parecer mais ou menos importante; apenas relembre como se sentiu ao ter pensado algo, dito alguma coisa ou realizado alguma ação;

4º) Quando estiver relembrando seus pensamentos, palavras e ações, desde o início do dia, o importante, caso tenha pensado o que não devia, falado o que não devia e feito o que não devia, é não se culpar terrivelmente, uma vez que o sentimento de culpa não resolve coisa alguma; o que resolve as coisas é uma mudança total na forma de pensar, falar e agir, desde que a mesma esteja de acordo com o que verdadeiramente somos, a fim de que possamos ser cada vez mais Fiéis a nós mesmos, externando essa Fidelidade também aos demais, e é isso que estamos procurando com esse experimento;

5º) Não fique tempo demais em um acontecimento só, pois é preciso relembrar o dia todo; da mesma forma, não se identifique emocionalmente com nada que tiver passado; apenas visualize a situação, observe, como um cientista, as sensações e sentimentos que ela provocou e siga para a próxima situação, até chegar ao atual momento em que você se encontra, sentado na cama fazendo esse experimento;

6º) Cada vez, seja por meio de pensamentos, palavras e ações, que você tiver deixado de ser Fiel a si mesmo, com alguém ou em alguma situação, pare e reflita, sem culpas, mas reflita e entenda que quando deixarmos de praticar a Fidelidade, com relação a quem verdadeiramente somos, fica difícil estender essa mesma Fidelidade ao próximo;

7º) Nessa autoanálise diária, muitas vezes você se verá não cumprindo outras Virtudes além da Fidelidade, bem como deixando de agir de acordo com os bons ensinamentos e exemplos que seus pais lhe deram; caso isso aconteça, observe e siga adiante, mas não sem antes se comprometer, jurar e prometer seriamente a você mesmo não reincidir mais nos erros e procurar corrigir, os que forem possíveis, a partir do dia seguinte, que está para começar em poucas horas;

8º) Ao chegar à última situação passada por você, antes que o dia terminasse, abençoe esse dia que passou e deixe ir o que não pode mais permanecer preso ao novo Eu que você irá se tornar, assim que o Sol raiar: um Novo Eu cheio de vida, radiante de luz e imaculado dos erros do passado, tendo inúmeras e fantásticas oportunidades de crescimento no agora;

9º) Esse experimento não visa, nem quer ser uma tortura, mas uma real chance de nos autoavaliarmos pelos elevados padrões que temos e somos cada um de nós, a fim de que entendamos quão grandes somos e quantas coisas grandiosas podemos fazer, a partir do momento em que existe uma profunda sinceridade para conosco, que pode e deve ser estendida a todos que cruzarem nossos caminhos, para que vejam nossas Boas Obras e para que possamos ser dignos diante dos olhos dos Homens de Bem;

10º) Em nossa autoanálise noturna, uma vez que a chance de praticar o bem ou perpetuar uma Virtude tenha sido desperdiçada, não é motivo para nos desanimarmos no caminho, mas sim para recuperarmos o fôlego e começarmos tudo no dia seguinte libertos dos erros do passado, desapegados daquilo que não foi "tão bom assim" e prontos para começar tudo de novo, na certeza de que o "bom", em verdade, não era digno daqueles que podem sempre fazer O Melhor, de acordo com suas infinitas possibilidades e talentos, que só vêm à tona quando se dedicam a ser Fiéis a si mesmos;

11º) Autoanalisar-se em cada momento do dia, ao término do mesmo, sem nos apegarmos ao que passou, muito menos nos culparmos por isso, mas estarmos prontos positivamente para a correção dos erros cometidos, faz com que, enquanto dormimos, certas Forças e Potenciais Internos sejam colocados para trabalhar e nos deem Forças renovadas, muita energia e dinamismo para virarmos a página, assim que o dia clarear, onde será escrita uma Nova História e podemos contar sempre com o entendimento das pessoas que constantemente estão dispostas a perdoar alguém Fiel o suficiente para reconhecer seus erros e muito mais por ações do que por palavras, demonstrar olhando nos olhos que mudou, sendo que sua transgressão foi um instrumento de aprendizado, prática da humildade e uso da inteligência, a qual lhe permitiu edificar sua vida de maneira diferente;

12º) Os que fazem esse experimento todas as noites vão ficando mais leves com o passar dos tempos e em poucos meses, surpreendentemente, ao fazerem essa revisão diária de pensamentos, palavras e ações, verão que seus erros são praticamente inexistentes e os poucos que existem não têm o mesmo potencial nefasto dos erros que praticávamos no passado, causados por nossa inconsciência, mas que agora passam a ser totalmente neutralizados e não praticados novamente, uma vez que quando acabamos de analisar nossos dias, baseados nos inúmeros acertos que cometemos, queremos que o dia seguinte seja sempre melhor e a tendência é isso continuar até o fim de nossos dias, na presente encarnação;

13º) Faça esse experimento, pratique a Lealdade, Sinceridade e Fidelidade, em todos os seus pensamentos, palavras e ações, e tenha uma vida baseada naquilo que realmente tem a ver com você; uma vida genuína, autêntica e que valerá cada segundo ter sido vivida, antes do seu último suspiro.

Capítulo 11

A Pureza

"Verdade, pureza, autocontrole, firmeza, coragem, humildade, unificação, paz e renúncia. Essas são as qualidades herdadas de uma pessoa que resiste."

Mahatma Gandhi

A Sexta Virtude Cardeal é tida por muitos De Molays como a mais difícil de ser vivenciada, sendo que isso não deve jamais nos esmorecer e sim nos fortalecer no intento de manifestar o Reto Pensar, o Reto Falar e o Reto Agir.

É na manutenção do foco de nossos pensamentos, que devem ser voltados para a Pureza, que encontraremos o segredo para levar uma vida pura e livre de dissipações.

A mente do ser humano deveria ser não um lago de águas paradas, pois isso pressupõe estagnação, mas, sim, um oceano infinito, onde as Ondas vem e vão, pois movimento é importante, mas essas ondas não podem se tornar um maremoto, muito menos um tsunami de emoções descontroladas, pois em meio a tamanha agitação é impossível pensar com clareza e refletir a respeito do melhor caminho a ser seguido, bem como a respeito das melhores decisões a serem tomadas, o que nos levaria a macular nossas vidas, manchá-las, muitas vezes indelevelmente, com palavras sujas e comportamento inadequado. Em meio a uma violenta tempestade sempre é possível mergulharmos das águas profundas de nossa mente em busca de um lugar muito especial, onde podemos encontrar a Paz e a Serenidade de espírito. Não é preciso ter dons paranormais para isso, ou algum tipo de habilidade especial. Olhos fechados, algumas profundas inspirações e expirações, precedidas de um ritmo respiratório sereno e tranquilo, já são o suficiente para que voltemos a ficar com nossa mente alinhada e capaz de refletir profundamente antes da tomada de qualquer atitude, o que é algo muito bom, ainda mais quando começamos a descobrir que muitos problemas de nossa vida poderiam ter sido evitados, realizando-se esse simples fechar dos olhos acrescido de um ritmo respiratório equilibrado.

Ser Puro é ter pensamentos limpos, inspirados e nobres, que são os melhores nutrientes para o desabrochar de nossas Almas, rumo à Iluminação e à abertura de nossos Corações visando à prática do Amor Incondicional, que faz com que entendamos nossa ligação com o Todo e a importância de não macular com palavras e ações o que ou quem quer que seja, pois estaríamos maculando a nós mesmos.

Muitas pessoas diriam que é impossível manter a mente afastada de tudo aquilo que avilta e depõe contra nossa Pureza de intenção, mas eu diria que tudo, literalmente tudo, é uma questão de escolha, na qual cada um, utilizando-se de seu livre-arbítrio, tem plenos direitos de escolher o modo pelo qual quer levar sua existência, sendo também necessário, depois de emitidos certos pensamentos, pronunciadas certas palavras e perpetuadas certas ações, o arcar com a responsabilidade por tais atos, bem como os efeitos resultantes dos mesmos.

Nós somos, essencialmente, o produto de nossos pensamentos, acrescidos dos sentimentos e emoções que agregamos a eles, mais o tipo de imagens mentais que costumamos manter em nossas mentes consciente ou inconscientemente. O bom disso é que, se sentimos nossa vida desalinhada com os nobres propósitos da Pureza, sempre é possível mudar a forma de pensar, bem como vibrar emoções e sentimentos que estejam em harmonia com pensamentos elevados; ao fazer isso começamos, de uma hora para outra, a ver nossa vida cambiar para uma existência mais digna e Feliz em todos os sentidos e níveis.

O que torna algo Puro ou impuro muitas vezes são os olhos que observam esse algo, bem como os pensamentos que nutrimos a respeito do Todo ao nosso redor. A Pureza é um Estado de Espírito tão delicado, tão leve e tão sublime que basta um mínimo pensamento dissonante para que a mesma seja quebrada, em nível interno, e então passamos a ver tudo com os olhos da imperfeição, pois imperfeitos são nossos pensamentos, a maioria deles norteada pelo ego, como imperfeita também é nossa visão, capaz de tornar a coisa mais pura algo imundo, bem como o ser mais imaculado algo corrompido por conta de nossas paixões e desejos descomedidos, que são Fonte Real de toda discórdia, mácula, imperfeições e impurezas que muitas vezes vemos apenas externamente, tamanha a vergonha e falta de coragem para voltar os olhos ao nosso interior e sinceramente lançar um olhar imparcial sobre nós mesmos e o que temos feito de nossas vidas. Talvez fosse exatamente isso que nosso Venerável Mestre, Jesus, O Cristo, quis nos dizer 2 mil anos atrás, por meio deste pensamento:

"Por que você repara no cisco que está no olho de seu irmão, e não se dá conta da trave que está em seu próprio olho? Como você pode dizer ao seu irmão: 'Deixe-me tirar o cisco de seu olho', quando há uma trave no seu? Hipócrita, tire primeiro a trave de seu olho, e então você verá claramente para tirar o cisco do olho de seu irmão."

Mateus 7,3-5

Um bom começo para a prática da Pureza está, justamente, em não ficar reparando nas impurezas e imperfeições alheias, pois nosso ego, exacerbado do jeito que é, rapidamente estabeleceria comparativos sutilmente imbuídos de orgulho e pseudo-humildade, onde sempre encontraríamos alguém que estivesse mais errado do que nós e justamente o que estamos procurando fazer é algo totalmente diferente, que não tem a menor relação com parâmetros comparativos à vida de ninguém que não sejamos nós mesmos.

Antes de ingressarmos na Senda Iniciática era admissível nosso falar sem pensar e agir sem pensar, mas a partir do momento em que nos tornamos Iniciados, a auto-observação deve ser uma constante, não em um sentido autopunitivo, ou autodepreciativo, resultado do que vemos ao olhar para nossos erros e imperfeições, que à luz de uma auto-observação realmente bem executada deve nos conduzir a uma grandiosa vontade de nos limparmos dos erros e transgressões cometidas por nosso velho eu, morto simbolicamente por ocasião da Iniciação, a fim de que recuperemos nossa Pureza Original que nunca foi perdida, apenas deixou de ser praticada.

O Iniciado não presta atenção nos erros e transgressões alheias, o que não quer dizer que ele seja conivente com os que agem mal, preferindo deixá-los à sua própria sorte, ainda mais quando por várias vezes tentou demonstrar o Bom Caminho das Virtudes, por seu exemplo, mas nunca foi ouvido ou entendido, muito pelo contrário, podendo até ter sido rechaçado e ridicularizado por defender uma vida Virtuosa, em meio a um mundo que, cada vez mais, se afunda em tudo que não presta e ainda aplaude a mediocridade, como se a mesma fosse a única e melhor coisa a ser valorizada.

Iniciados têm muito trabalho a ser feito dentro de si mesmos, pois a Iniciação não confere asas, auréolas luminosas e uma aura esplendorosa de santidade e perfeição aos que passam por ela. O que a Iniciação confere é uma grande oportunidade de abrirmos os olhos, é removido de nós o Véu de Ísis, que uma vez retirado permite que nos enxerguemos como realmente somos, a Luz que foi tão almejada e agora concedida para que a utilizemos na iluminação e expurgo de nossos cantos mais escuros, de onde advirá a Pureza recoberta por anos de escombros e entulhos, que podem ser associados aos nossos maus pensamentos, palavras e ações, os quais podem ser removidos agora, pois a Luz contemplada externamente por ocasião das Iniciações e passagens de Grau serve para nos lembrar de que, Essencialmente, somos seres luminosos e puros, quando lutamos para não nos perder em meio às ilusões que norteiam as massas, e nos dedicamos a propósitos nobres, cujo simples interesse na prática dos mesmos já demonstra um ser que começa a se reencontrar com sua Pureza há tanto esquecida.

As Jornadas e Viagens Iniciáticas, presentes quando do ingresso de novos membros nas Sociedades Secretas, não culminam em uma resolução final de um ser humano, que se encontrava em um estado de cegueira e imperfeição, já completamente reparado e regenerado, tão logo finde a Iniciação. Não. Estamos muito longe disso.

No entanto, a Iniciação, por meio de suas Jornadas e Viagens, oferece as ferramentas necessárias para a reconstrução de um novo Homem de Desejo – termo muito usado pelo Filósofo Desconhecido, Louis Claude de Saint Martin –, que aspira à Reintegração ao seu estado original de Pureza isento de máculas, erros e imperfeições. Os mais atentos sabem que, se o Iniciando não perceber quais são essas ferramentas, já de pronto, quando do momento de sua Iniciação ou poucos dias após a mesma, passando a utilizá-las no promover de sua automodificação, dificilmente encontrará as respostas que veio buscar, mesmo atingindo os últimos e mais elevados Graus das Ordens, uma vez que todo aquele que não está apto ao estudo aprofundado desde o início, em Busca da Verdade, tendo esse espírito sido despertado por seus Iniciadores e principalmente por quem o colocou dentro da Ordem, dificilmente desenvolverá o mesmo ao longo dos Graus, os quais percorrerá simplesmente por promoções externas, de direito, por intermédio da frequência, muitas vez apenas suficiente para continuar na Ordem, e o pagamento de taxas, necessário para se manter regular em meio à estrutura administrativa das Ordens, mas totalmente desvinculados, esses elementos, do real propósito, presente desde sempre na História das Grandes Escolas de Mistérios, que é a Busca incessante por Autoconhecimento e Evolução Espiritual.

O branco, cor tradicionalmente associada à Pureza, fez parte das vestes de muitos grupos Gnósticos do passado, bem como de diversas Ordens, onde se buscava o aprimoramento das qualidades mais nobres e sublimes do gênero humano. Desde os Essênios, uma Fraternidade Gnóstica contemporânea da época de Jesus, na qual seus membros pretendiam chegar a um tal estado de Pureza e Refinamento Espiritual, convertendo-se em verdadeiros Templos, onde o Espírito Santo pudesse habitar; passando pelos Cátaros da Idade Média, que possuíam, seguiam e pregavam uma forma de Cristianismo mais antiga e pura, sendo a própria palavra Cátaro oriunda do termo grego primitivo *Katharoi, ou katheroi*, que quer dizer "Puro", até chegar a Hugo de Payns e seus oito companheiros, que constituíram o embrião da Ordem dos Pobres Cavaleiros de Cristo e do Templo de Salomão, esses primeiros Templários, a exemplo dos grupos que os antecederam e os influenciaram profundamente, só foram adotar as famosas cruzes vermelhas em suas vestes lá pelos idos de 1146, tendo se vestido inteiramente de branco até então, cor adotada em suas túnicas e mantos com capuz, quando a Ordem se iniciou, ficticiamente em 1118, oficial e Tradicionalmente em 1111.

As vestes brancas de um Templário representavam não apenas a Pureza, bem como toda uma ética, disciplina e modo de vida pautado pela Regra da Ordem, a qual se submetiam de bom grado todos os Cavaleiros que a integravam. Ser cingido por um hábito branco, complementado por outras vestimentas cândidas, tinha certo caráter de Renascimento, tendo sido deixada para trás uma vida pregressa, sendo que alguns candidatos ao ingresso na Ordem do Templo haviam cometido sérias atrocidades antes de bater às portas dela, uma das poucas Ordens da época que aceitava receber em seu seio homens que haviam transgredido e errado muito em seu passado. Como curiosidade, contrariando o que se vê nos filmes, bem como em certos quadros e representações românticas, onde podemos ver centenas de Cavaleiros Templários usando o famoso Manto Branco, com a Cruz Pátea Vermelha, é necessário que se diga que apenas a um diminuto grupo de Cavaleiros Templários era dada a permissão para usarem as vestes brancas, guarnecidas da famosa Cruz vermelha. Nem todos os Irmãos da Ordem do Templo eram Cavaleiros, sendo que a grande maioria estava disposta ao longo de uma estrutura que incluía criados, sargentos, religiosos e irmãos das mais diversas funções, cujos mantos podiam variar do negro, passando pelo marrom e até mesmo o verde, adotado em funções sacerdotais.

A vida do Noviço, recém-admitido, não seria fácil, pois cabia a ele a realização dos trabalhos mais braçais e pesados, bem como a realização das tarefas mais servis, que visavam quebrantar orgulhos, vaidades e egos, pois uma vez ingressado na Ordem, o aspirante a se tornar Cavaleiro, algum dia, deixava para trás títulos do mundo profano, regalias associadas ao seu nome familiar e nobreza, bem como qualquer coisa que o beneficiasse ou o distinguisse dos demais Irmãos do Templo, entre os quais vigorava a Igualdade, em sua forma mais plena, mesmo que seguissem rigidamente uma Hierarquia Militar, o que nunca os impediu de se tratarem e realmente serem Irmãos entre si.

Depois de um tempo, às vezes décadas, de disciplina, trabalho árduo, aplicação às tarefas dadas, entre muitas outras funções a serem cumpridas com perfeição, de acordo com a Regra do Templo, mais o treinamento em combate, caso o candidato aspirasse à Cavalaria, chegava o dia em que um Escudeiro, que havia sido tomado por um Cavaleiro para apreender o "Nobre Ofício" da Cavalaria, como costuma falar Ramon Llul, era levado a fazer uma Vigília de Armas, quase sempre à noite, normalmente sozinho em um local Sacro, de onde somente sairia ao raiar dos primeiros raios de sol, quando viriam apanhá-lo para ser Armado Cavaleiro Templário. Nessa ocasião, o *ex-escudeiro* receberia suas vestimentas brancas e lhe seriam recordadas as condições deploráveis em que muitas vezes poderia ter chegado às portas da Ordem, mas após seu esforço, dedicação e obediência era hora de avançar para um círculo muito seleto, íntimo e até, por que não dizer, Hermético de convivência, no qual uma das primeiras recomendações seria, por meio da boa conduta, manter sempre suas vestes brancas e imaculadas, livres de qualquer desonra ou atos vergonhosos, que poderiam manchar aquela candura representativa de um homem que havia deixado para trás os erros do passado e agora seria sua, e somente sua, a responsabilidade de preservar a oportunidade que lhe foi dada de se redimir, reparar e regenerar.

A Via da Cavalaria Real e Espiritual, muito diferente das atrocidades praticadas pelos cruzados, dava inúmeras oportunidades de redenção àqueles que a abraçavam, não importando a qual Ordem Cavaleiresca pertencessem. Fossem Cavaleiros do Santo Sepulcro, Hospitalários ou Templários, o serviço ao próximo, a prática da humildade, o viver uma vida virtuosa de atos corajosos, honrados e dignos de perfeitos Paladinos, exemplos do que seria um Cavaleiro perfeito, a Via Cavaleiresca era uma oportunidade única do viver digno e perpetuação, aqui na Terra, de ações que ecoariam pela Eternidade.

Tão Sagrado quanto o Manto dos Templários é a Capa usada pelos De Molays, a qual deve ser usada com humildade, permitindo a seus possuidores a preservação da grande oportunidade que lhes foi dada de levar uma vida de Pureza, por meio de exemplos edificantes, perpetuados por nossos Sobrinhos De Molays, capazes de inspirar várias gerações de jovens à pratica das Virtudes, que geram não apenas a regeneração e reparação individual, como também constituem uma verdadeira bandeira a orientar a Juventude na prática do bem e do bom viver, segundo os ditames da Honra e de tudo aqui que exalta nossas Essências, fazendo nossas Almas se iluminarem gradativamente e demonstrando ao Mundo o grande Coração da Fênix

Templária Renascida que bate no coração de cada Jovem, que abraçou a Nobre Causa da Ordem De Molay, Guardiã da Pureza Juvenil sobre a qual jamais prevalecerão os vícios que insistem em macular uma das mais belas fases de vida do ser humano: a Adolescência.

Elementos para Reflexão e Sustentação da Pureza Oriundos de outras Tradições

O Arcanjo Gabriel: príncipe do Coro Angelical dos Anjos, Gabriel, Aquele cujo Nome significa "Força de Deus", pode ser sempre invocado por nossos Jovens, no tocante a lhes transmitir a Força de que necessitam para se manterem Puros, Disciplinados e focados, rumo à Ascenção, objetivo evolutivo de toda a raça humana.

O Quarto Raio da Grande Fraternidade Branca: grande parte do conhecimento a respeito da Fraternidade Branca veio à Luz pelas mãos de Helena Petrovna Blavatski, fundadora da Teosofia, em 1875, um movimento que prega a formação de um núcleo de Fraternidade Universal da Humanidade, sem distinção de raça, credo, sexo, casta ou cor; o encorajamento do estudo da Religião Comparada, Filosofia e Ciência e a investigação das Leis não explicadas da Natureza e dos poderes latentes no homem, que uma vez desenvolvidos, pela prática do Autoconhecimento, culminam no retorno da Perfeição Primordial antes da queda, perda da consciência, que aguarda despertar de seu sono dentro de cada um de nós, alçando-nos novamente à conscientização da Divindade que existe em cada um.

Dentre os Sete Raios existentes na Grande Fraternidade Branca, o Quarto Raio – cujo Mestre Ascensionado é o egípcio Mestre Seraphis Bey, Hierofante Supremo do Templo de Luxor, que guarda zelosamente a Pureza, a Disciplina e a Chama da Ascensão – possui técnicas muito interessantes para reparação das máculas produzidas pelo ego e recuperação da Pureza.

Todo aquele, mesmo que não seja um Teósofo, que apela para a Chama da Ascensão e procura perpetuar um Caminho de Vida pautado no Reto Pensar, no Reto Falar e no Reto Agir recebe imediatamente a proteção e o amparo do Mestre Seraphis Bey, que age em prol do Buscador Espiritual o purificando de suas imperfeições, a fim de que o mesmo possa cumprir sua Lenda Pessoal, sua Missão de Vida, trabalhando sob a Vontade do Deus de seu coração e da sua compreensão.

A Flor de Lótus: para os orientais, a Flor de Lótus significa a Pureza espiritual. O Lótus, também conhecido como lótus-egípcio, lótus-sagrado ou lótus-da-índia, é uma planta que floresce sobre a água.

No simbolismo budista, o significado mais importante da Flor de Lótus é pureza do corpo e da mente. A água lodosa que acolhe a planta é associada ao apego e aos desejos carnais, e a flor imaculada que desabrocha sobre a água em busca de luz é a promessa de Pureza e Elevação Espiritual.

O Lírio: para os cristãos, o Lírio é símbolo de Pureza e virgindade. Usado na decoração dos Templos, desde a Antiguidade até hoje, representa a simplicidade, que nos conduz às instâncias superiores da consciência.

Para alguns católicos, o Lírio está associado à Virgem Maria, bem como à Páscoa, assumindo assim um caráter de Renascimento.

Dentro de alguns setores da Tradição Cristã, o Lírio representa, também, a Fé e a entrega nas Mãos da Providência Divina, ainda mais depois de ter sido exaltado nas Sagradas Escrituras:

28 *"Por que vocês se preocupam com roupas? Vejam como crescem* **os lírios do campo.** *Eles não trabalham nem tecem.*

29 *Contudo, eu digo que nem Salomão, em todo o seu esplendor, vestiu-se como um deles.*

30 *Se Deus veste assim a erva do campo, que hoje existe e amanhã é lançada ao fogo, não vestirá muito mais a vocês, homens de pouca fé?*

31 *Portanto, não se preocupem, dizendo: 'Que vamos comer?' ou 'Que vamos beber?' ou 'Que vamos vestir?'*

32 *Pois os pagãos é que correm atrás dessas coisas; mas o Pai celestial sabe que vocês precisam delas.*

33 *Busquem, pois, em primeiro lugar o Reino de Deus e a sua justiça, e todas essas coisas serão acrescentadas a vocês..."*

Matheus 6, 28-33

As Luvas Brancas: presentes em várias Tradições Esotéricas, representam que as mãos do Iniciado não se prestam a nenhum tipo de trabalho suspeito, que poderia macular sua Pureza e manchar sua Honra, bem como lembram a necessidade de se manter o compromisso assumido por meio dos Juramentos. Utilizadas ritualisticamente, representam a candura, pureza e alvura das quais deve estar revestido não apenas externamente mas, principalmente, internamente, todo aquele que oficializa qualquer tipo de ritualística ou cerimonial.

Experimento 6 – A Cachoeira

Esse experimento visa atrair Pureza para a vida daqueles que o praticam, bem como a ajuda inestimável do Arcanjo Gabriel, sua Força e Proteção angelical para todas as circunstâncias da vida.

Materiais Necessários:

– uma pequena toalha branca, para cobrir uma pequena mesa, ou o criado-mudo, de seu quarto, onde pode ser montado o altar;
– uma Bíblia;
– uma estatueta, ou imagem do Arcanjo Gabriel;
– uma vela branca, cor associada à Pureza;
– uma taça, de vidro ou cristal, transparente e incolor;
– se possível adquirir lírios, preservados em água, em um pequeno vaso, para enfeitar o altar;
– incenso de mirra, olíbano ou benjoim (um dos três já está bom).

Preparando Você para a Prática

– Montar o altar, colocando a Bíblia no centro da toalha branca, estando a mesma aberta no Salmo 91;
– Acima da Bíblia, bem centralizada, colocar a estatueta ou imagem do Arcanjo Gabriel;
– À direita da Bíblia, colocar o incenso e acendê-lo, alguns minutos antes de iniciar o experimento;

— À esquerda da Bíblia, colocar a vela branca, fixada com segurança em um castiçal, longe de janelas, cortinas ou materiais inflamáveis; dar preferência a castiçais onde a vela fique bem fixada e segura, sem a menor possibilidade de queda;

— Abaixo da Bíblia, à sua frente, colocar a taça com uma boa medida de água pura nela, mas não é preciso enchê-la até a borda;

— Tomar um banho, ou lavar as mãos, antes do experimento, para que um desses atos represente a Pureza corporal.

O Experimento

1º) Após os preparativos anteriores, acender o incenso, a fim de que ele já vá purificando o ambiente, e alguns momentos depois acender a vela branca;

2º) Contemplar a chama da vela por um breve momento, observando as diferentes regiões da chama, bem como suas nuances, brilho e a aura luminosa ao redor da mesma;

3º) Deslocar o olhar para a imagem, ou estatueta do Arcanjo Gabriel, e da mesma forma que procedeu com a vela procurar, de forma serena e tranquila, fixar bem todos os detalhes que compõem a imagem. É como se você procurasse ganhar uma intimidade com o Arcanjo Gabriel, enquanto o contempla, a fim de que suas Virtudes de Força, Pureza, Disciplina e Ascensão começassem a fluir para você. Sinta-se muito bem fazendo isso por alguns breves momentos;

4º) Enquanto contempla o Arcanjo Gabriel, faça o antigo Sinal da Cruz cabalístico. Tocando sua testa com a mão direita, diga: "ATEH"; descendo a mão direita e abrindo a mesma sobre seu abdômen, diga: "MALKUTH"; elevando a mão direita para o ombro direito e tocando o mesmo, diga: "VE GUEDULAH"; cruzando por sobre o peito e levando a mão direita para o ombro esquerdo e tocando o mesmo, diga: "VE GEVURAH"; trazendo a mão direita para o centro do peito, comece a elevá-la, enquanto diz: "LE OLAM AMÉM". Obs.: Esses termos são cabalísticos, alguns deles oriundos da Árvore da Vida, sendo que algumas dessas palavras foram escritas de forma a facilitar a pronúncia quando se estiver fazendo a prática, uma vez que temos consciência de que não são todas as pessoas que têm familiaridade com o idioma Hebraico, muito menos estudam a fundo a Kabballah. Traduzindo para o português, basicamente o que estamos dizendo, quando fazemos esse Sinal da Cruz, é: "*A Ti Pertencem O Reino, O Poder e a Glória Para Sempre*". Evidentemente que essas palavras Sagradas possuem outros significados, em níveis mais elevados no estudo do Ocultismo e da Tradição Hermética, mas esse não é um assunto para a presente obra, muito menos para o presente momento;

5º Após o sinal da cruz, rezar um Pai-Nosso, uma Ave-Maria e a Oração do Anjo da Guarda:

Oração do Pai-Nosso

"*Pai nosso que estais nos céus, santificado seja o Vosso nome.
Vinde a nós o Vosso Reino.
Seja feita a Vossa vontade, assim na Terra como no Céu.
O pão nosso de cada dia nos dai hoje.
Perdoai as nossas ofensas assim como nós perdoamos a quem nos têm ofendido.
E não nos deixeis cair em tentação, mas livrai-nos do mal.
Amém.*"

Oração da Ave-Maria

"*Ave, Maria, Cheia de Graça.
O Senhor é Convosco.
Bendita Sois Vós, entre as mulheres.
E Bendito é o Fruto do Vosso ventre: Jesus.
Santa Maria, Mãe de Deus, Rogai por nós,
Filhos e filhas de Deus.
Agora e na hora de nossa Vitória sobre o pecado,
a doença e a morte.
Amém.*"

Oração do Anjo da Guarda

"*Santo Anjo do Senhor.
Meu Zeloso Guardador.
Já que a Ti Me Confiou a Piedade Divina.
Sempre me Rege, Guarda, Protege e Ilumina.
Amém.*"

6º) Após concluir as Orações, ainda mantendo o foco de seu olhar no Arcanjo Gabriel, lentamente comece a fechar os olhos, deixando as pálpebras caírem suavemente, até que ambas estejam completamente fechadas;

7º) Fique alguns segundos em silêncio e comece a visualizar, ou seja, "ver com os olhos da mente", um lindo cenário natural constituído por um gramado à sua frente, que termina em um lindo lago de águas cristalinas onde, à esquerda, deságua uma cachoeira cuja queda-d'água, o véu, é altíssimo. O Céu está azul, praticamente sem nuvens, e um lindo sol dourado, do meio-dia, incide seus benéficos raios sobre você. Caminhe até as margens do lago, e por alguns momentos, sente-se e desfrute dessa luz solar, bem como da suave brisa que sopra ao seu redor e do barulho relaxante das águas da cachoeira desaguando nessas águas puras, cristalinas e transparentes;

8º) Após alguns momentos de silêncio, serenidade e introspecção obtidos por meio da contemplação da cachoeira e do som das águas, com toda Sinceridade, Pureza e Humildade presentes em seu Coração, invoque (chame pelo) o Poderoso Arcanjo Gabriel, a fim de que o mesmo possa lhe purificar e abençoá-lo com Sua Pureza, Força, Clareza Mental, Disciplina, Concentração e Foco, a fim de que, abençoado por essas Virtudes, sua vida ganhe uma dimensão mais elevada em matéria de Paz, Felicidade e Qualidade de Vida;

9º) Visualize no topo da cachoeira duas Asas Brancas, gigantescas, se abrindo e em meio a elas surgindo o Poderoso Arcanjo Gabriel, Príncipe dos Arcanjos, Aquele Cujo Nome significa "Força de Deus". Para sua surpresa, o véu da cachoeira, a longa queda-d'água, passa a constituir a túnica do próprio Arcanjo Gabriel, que desaguando nas águas do lago faz com que o mesmo se torne plenamente abençoado, por meio das Virtudes irradiadas desse Glorioso Ser da Alta Invisibilidade;

10º) Levante-se e calmamente adentre as águas do lago, sentindo os seixos (pedras) redondos abaixo das plantas de seus pés, que enquanto você caminha vão massageando os mesmos e produzindo um efeito relaxante em todo o seu ser. Não se preocupe com a profundidade das águas, pois elas chegam até a linha de sua cintura, no máximo;

11º) Caminhe em direção à cachoeira, agora parte do Querido Arcanjo Gabriel, e adentre suas águas sentindo a pressão e a força dessa queda-d'água sobre seu ser. Deixe que essas águas, caindo incessantemente sobre você, retirem todas as tensões, ansiedades, aflições, emoções mal resolvidas e angústia de seu ser, purificando agora e levando para bem longe tudo aquilo que não tenha a ver com as Virtudes da Luz, da Vida e do Amor. Que essas águas purifiquem completamente seu ser de tudo aquilo que não tenha a menor relação com a Presença Divina de Deus em você;

12º) Sob as Asas do Poderoso Arcanjo Gabriel, comece a se sentir muito bem, cada vez mais leve, purificado pelas águas e se libertando plenamente de todo e qualquer tipo de tensão, independentemente de qual dos níveis de sua vida a mesma possa estar manifestada, pois esse Arcanjo, por meio dessas Águas Puras e Imaculadas, dissolve qualquer desarmonia em você nos níveis físico, mental, emocional e espiritual, nos quais nossos seres atuam, em diferentes momentos do dia, tenhamos consciência disso ou não;

13º) Após alguns minutos debaixo das águas, tendo sido dissolvidas todas as impurezas de pensamentos, palavras e ações que possa ter realizado, comece a irradiar Luz de seu ser, pensamentos inspirados e sentimentos nobres, acompanhados de uma profunda gratidão ao Arcanjo Gabriel por suas inúmeras Bênçãos, oriundas desse descarrego de tensões por meio de suas Águas Sagradas. Antes que o Poderoso Arcanjo comece a desaparecer, voltando a cachoeira à sua forma natural, agradeça muito a Gabriel por toda a Força, Pureza e Divina Providência que lhe foram dispensados. Lembre-se de que a Gratidão é a Chave que abre as portas para as Dimensões da Alta Invisibilidade e atrai para nós o auxílio, quase imediato, de todo o Universo, que reconhece os que são gratos pela ajuda recebida.

Símbolo da Pureza – o Lótus Branco.

*Lírios Brancos representam
Pureza e Inocência.*

*O Arcanjo Gabriel: aquele cujo Nome
significa "Força de Deus"; Príncipe do
Coro dos Anjos; o Arcanjo da Anunciação; Arcanjo da Pureza, Disciplina
e Ascensão.*

Capítulo 12

O Patriotismo

"Minha Religião é o Amor, minha Pátria é o Mundo e minha Raça é a Humanidade."

Jorge Elias Adoum

A última Virtude Cardeal é o Patriotismo, e se enganam aqueles que pensam ser fácil tratar desse tema, em um país que ainda está engatinhando em matéria de Educação, sem a qual fica um pouco difícil entender até mesmo o significado da palavra Pátria.

Na maioria dos dicionários, o Patriotismo é definido como *"Amor à Pátria"*, e Patriota é todo aquele que *"Ama ou serve sua Pátria"*. E é justamente a partir dessas definições, quando analisadas de forma mais profunda, que iremos perceber que tanto Pátria como Patriota são algo bem mais amplo do que pensamos.

Onde começa a Pátria?

A Pátria começa dentro da casa de cada um, onde é de responsabilidade única e exclusiva dos pais, ou responsáveis, educarem seus filhos, nesse Microcosmos conhecido pelo nome de Família, uma vez que a função de educar cabe à Família, em primeiro lugar, e à Escola em segundo, visto que as instituições de ensino irão fornecer noções e conhecimentos técnicos, que garantirão ao ser o progresso em sua vida cotidiana, mas Educação, mesmo, é de responsabilidade Familiar e garantirá que os filhos cheguem muito além do que poderiam ir apenas com diplomas e certificações, que atestam conhecimento, mas estão longe de validar Sabedoria, caráter, respeito, cultura e comportamento adequado que enalteçam não apenas à Pátria, mas o Mundo do qual somos partes integrantes.

O Patriotismo envolve a prática da Cidadania, que é o exercício dos direitos e deveres civis, políticos e sociais estabelecidos na Constituição. Uma cidadania conscientemente exercida depende do entendimento a respeito dos direitos e cumprimento dos deveres, que devem estar sempre interligados e quando exercidos em igualitária parceria constituem a edificação de uma sociedade mais justa e equilibrada. Nos últimos tempos, temos visto uma total deturpação do significado da palavra Patriotismo, uma vez que o tomam pelo que ele não é, jamais foi e será.

Algumas pessoas pensam que Pátria é um partido ou ideologia política. Já outros se jactam patriotas em épocas de Copa do Mundo, apenas. E existem ainda aqueles que acham que devem se fechar para o Mundo, as demais Nações e tudo o que vem de fora, sendo essas umas das mais hilárias demonstrações de insanidade, uma vez que temos a felicidade de fazer parte de uma Nação cujos embriões foram e continuam sendo desenvolvidos, combinando-se várias Culturas, Credos, Raças e Tradições.

Ampliando o significado de Pátria, analisando-o pelo viés do Espiritualismo, que não pode ser confundido com espiritismo, pois o primeiro está relacionado a um conceito Universal, enquanto o segundo a uma religião específica, podemos dizer que a escolha de uma Pátria, para encarnar, está entre uma das muitas opções que fazemos, conscientemente, antes de nascer e que constituem a base sobre a qual devemos edificar e viver nossas Missões de Vida (*Dharma*) na presente encarnação.

Não é mero acaso o nascimento no Oriente, ou no Ocidente, muito menos deve ser tomada por coincidência o adotar de uma Nacionalidade específica, na presente vida, uma vez que o vivenciar da mesma, muito além dos entendimentos superficiais das palavras Pátria e Patriotismo, está intimamente relacionado com nossa desenvoltura e evolução na atual existência.

O significado mais profundo a respeito de Pátria, a fim de que possamos entendê-la, nos tornarmos partes integrantes da Nação e consequentemente conhecermos a nós mesmos, deve ser buscado em meio a Tradições, Usos, Costumes, Folclore e Cultura sobre os quais está alicerçada a identidade de um país, que integramos para auxiliar em sua evolução, bem como também seremos auxiliados em nosso próprio desenvolvimento, quanto mais conhecermos os valores da Pátria na qual vivemos no presente momento.

Entre os vários elementos constituintes de um país e de um povo, com certeza existe algum que retumba forte dentro de nós e que, uma vez entendido, interpretado e vivenciado, pode nos conduzir a uma plenitude de consciência a respeito de coisas às quais nunca tínhamos visto, muito menos suspeitado, mas o quão necessário é esse entendimento a fim de que possamos encontrar nosso lugar não apenas nesse mundo, mas também em meio à Natureza e ao Universo.

Precisamos aprender a ouvir, por meio do silenciar e recolhimento às margens plácidas de nosso Coração, onde reside um Herói adormecido, os brados dos Antigos Heróis do passado, muitas vezes esquecidos em meio à nossa História, a fim de que despertemos pelo retumbar oriundo de todos os cantos de nossa Nação.

Ao ouvir esse chamado ancestral, começa a brilhar no Céu elevado de nossa Consciência o Sol da Liberdade de um Livre-Pensador, que com seus raios fúlgidos nos conduz ao profundo entendimento de nossa Pátria, o que nos permite entender e respeitar todas as Nações da Terra, sendo a mesma a Pátria da Humanidade.

O penhor da real Igualdade entre os homens conseguimos conquistar por meio de nossos esforços, na busca pela Fraternidade, que nos permite enxergar o próximo com os olhos de quem vê Deus em si mesmo e estende essa visão a todos os seres espalhados pelo mundo, sendo por meio desse sentimento trazido em nosso próprio peito que é possível desafiar a própria morte, na defesa do que acreditamos, uma vez que se o outro é parte de nós e nos consideramos parte dele também, então continuaremos, bem como nossa Pátria, por meio de nossos Irmãos, mesmo quando não estivermos mais aqui.

Nos tempos atuais em que vivemos, e sempre haverá períodos de crise a ser superados, uma vez que o Universo está em uma constante mutação, é necessário que passemos de um sonho intenso para o despertar, em relação aos deveres que cada cidadão tem para com seu país, retomada essa consciência diariamente por raios vívidos, verdadeiros lampejos de iluminação, que fazem com que o Amor e a Esperança possam descer à nossa Sagrada Terra, velada por um céu risonho e límpido, no qual o mesmo Cruzeiro do Sul que orientava as naus Templárias de outrora uma vez mais precisa resplandecer, a fim de que possamos chegar a um porto seguro de dignidade assegurada, direitos garantidos e deveres cumpridos por Brasileiros conscientes, a respeito de um significado maior e mais profundo da palavra Patriota.

Somos uma grande Nação, gigantes pela própria natureza, mas a fim de que nosso futuro seja grandioso, é necessário nos inspirarmos nas glórias do passado, mas não repousarmos sobre os louros conquistados pelos heróis de outrora, buscando em cada momento de nossos dias, desde as menores até as maiores coisas que fazemos, procurar ver refletido no espelho de nossa consciência o futuro grandioso que nos aguarda, desde que passemos a persegui-lo no presente, único tempo real no qual conseguimos efetivar as mudanças de que tanto necessitamos.

Ao som de nossos mares é necessário que entendamos, por meio do ir e vir das ondas, a importância dos eternos ciclos de renovação, nos quais o brasileiro leva vantagem sobre os demais povos, tamanha sua versatilidade, criatividade a abertura mental para lidar com outras culturas, raças e Nações, despertando de seu berço esplêndido, iluminado pelos primeiros raios do Sol de um Novo Mundo cuja origem, em matéria de tolerância e aceitação de toda essa diversidade, pode e deve ser o Brasil, a guiar toda a América do Sul em direção a essa Fraternidade Universal.

Nosso lindos campos realmente têm mais flores, mas possuem algo muito maior que é a incrível variedade de Vidas, que se torna ainda maior pelos diversos estilos de existência que compõem nosso vasto território, com suas muitas regiões, culturas, folclore e costumes, sendo impossível cada um de nossos estados não despertar grandes amores nos que nele vivem e defendem um regionalismo positivo, que a despeito de aceitar generosamente outras tendências, preserva e quer ser respeitado em sua individualidade, sendo todas elas componentes de uma só e da mesma Nação Brasileira.

A Paz que almejamos no futuro, como a manutenção de nossa soberania e o almejar de um amanhã próspero, farto e abundante, em todos os sentidos, depende de compreendermos como chegamos às Glórias do passado, sem jamais dormir sobre os louros conquistados pelos que nos antecederam, mas tomar toda essa experiência, valores e virtudes na construção de um presente inovador e que ateste que o futuro já é o próprio agora, que necessita ser vivido de maneira criativa e se aproveitando todas as oportunidades que esse rico país tem a oferecer generosamente aos seus filhos, cuja motivação deve ser o trabalho, nas mais diversas frentes, e visando obter não apenas os lucros de uma exploração desordenada, mas a manutenção de uma Nação cujo Progresso depende da Ordem.

Concluindo esses parágrafos de reflexões sobre partes de nosso Hino Nacional, é importante dizer que para o Verdadeiro Iniciado a morte é uma ameaça vazia. De forma alguma devemos desvalorizar a vida e nos colocarmos em situações arriscadas mas, ao praticarmos o Amor a nós mesmos, oriundo do Autoconhecimento, que nos leva à consciência da existência de uma Partícula de Deus dentro de nós, reconhecemos também no próximo essa Centelha de Perfeição, Infinitude e Imortalidade, não havendo razão para não praticarmos o Amor, que a tudo abrange e faz cessar qualquer temor, em defesa dessa Pátria Amada e Idolatrada, que começa em cada um de nós, em nossas casas, escolas, bairros, cidades, estados e abrange todas as instâncias do país, como um todo, se estendendo esse clamor e almejar de uma Vida Plena ao Planeta, do qual todos nós somos cidadãos.

Não fugimos à luta, que pode ser entendida como um chamado à responsabilidade e até mesmo ao confronto direto contra tudo aquilo que avilta e depõe contra a juventude, mas é importante escolhermos as Armas Simbólicas, mais adequadas a cada um de nós, bem como tomarmos o Bom Combate, citado pelo Apóstolo Paulo, como nosso estilo e estratégia de luta, o que nos credencia como um Guerreiro da Luz, que jamais se envergonhará da maneira como combateu para alcançar seus objetivos, conquistas e vitórias, dos quais só são merecedores os que lutam não apenas com bravura, embasando-a em Sabedoria, Poder, Amor e Virtudes.

O Jovem, mesmo aquele que ainda não integra as chamadas Ordens e Instituições Paramaçônicas, pode fazer muito por sua Pátria, e não se deve esperar chegar à fase adulta para começarmos a pensar mais seriamente como colaborarmos com a Nação.

Colabora com sua Pátria quem a conhece, e por isso é válido um aculturamento sobre as mais diversas regiões de nosso país, seus usos, costumes, folclore e Tradições, bem como uma conscientização muito séria a respeito do que é cidadania e como podemos participar de diversos movimentos, projetos e campanhas onde a mesma pode ser exercida e praticada com prazer e satisfação, por podermos tomar parte de ações que acabam beneficiando a todos direta ou indiretamente, retornando-se à prática da cidadania em benefícios para nós mesmos, como partes integrantes da Nação.

Mesmo quando estivermos sós, e acreditem quando digo que o Verdadeiro Iniciado jamais está sozinho onde quer que vá, podemos nos isolar na calma, pura e plena posse de nós mesmos e emanarmos pensamentos positivos que contribuam para o progresso do país, auxiliando as pessoas a atingirem suas metas e objetivos, pelos quais a Felicidade pode se manifestar, e quando isso é feito, nossa vida também começa a progredir, pois nossa existência é simplesmente o reflexo do que pensamos, da forma que nos expressamos e da maneira que agimos.

Experimento 7 – Pátria Amada

Diferentemente dos capítulos precedentes, não proporemos aqui um Experimento Místico ou prática que leve ao desenvolvimento interior, pois qual melhor forma de praticar e vivenciar o Patriotismo que a prática da Cidadania?

Pela Cidadania madura e responsável vivenciada no dia a dia, o Jovem demonstra o berço que teve e a assimilação do Amor Filial que seus pais lhe legaram.

Reconhecendo o Deus de sua crença, também presente no coração de seu próximo, independentemente de o mesmo professar outra Fé, é possível demonstrar a Reverência pelas Coisas Sagradas, o respeito e a tolerância a todos os Credos, o que faz de nossa Nação uma Pátria Abençoada, onde a insanidade das "guerra santas" passa longe e o fanatismo não prosperará, enquanto os livres-pensadores combaterem a ignorância, a intolerância e a superstição, garantindo a todos o Direito ao Culto e à Livre Expressão de sua Fé.

O Bom Cidadão faz da prática da Cortesia seu cartão de visitas, sendo aceito, benquisto e bem recebido em qualquer lugar, podendo conviver com todas as classes sociais, uma vez que Educação e Cortesia nada têm a ver com elevadas posses ou ausência de recursos. É uma questão de Educação e isso se aprende desde os primeiros anos, não sendo dever da Escola educar, pois à Família compete a Educação de seus filhos, antes mesmos de enviá-los para o meio escolar.

Jovens Brasileiros estão entre os mais abertos à amizade e ao convívio fraternal, tanto no ato de receber visitantes de fora ou quando viajam para outros países em diversos tipos de intercâmbios existentes hoje em dia. O Companheirismo é uma marca de nosso

Povo, demonstrada por meio da solidariedade e Fraternidade, que os Brasileiros vivenciam não apenas entre si, mas também a estendem às demais Nações, quando estas se encontram assoladas por catástrofes e necessitam de diversos tipos de auxílio. Ainda que o Companheirismo seja uma Virtude ensinada e praticada dentro da Ordem De Molay, de que nos valeria o mesmo, se não pudéssemos estender essa Fraternidade aos demais Irmãos e Irmãs que temos espalhados pelo mundo? Aqueles a quem foi concedida a Luz da Iniciação são os primeiros que devem reconhecer que todos, Essencialmente, somos uma só e a mesma coisa: *o ser humano perfeito é a união de todos os seres humanos.*

Quem se reconhece no próximo, porque é suficientemente Fiel a si mesmo, trata a todos com Fidelidade, pois qualquer traição, falsidade ou mal praticado em relação a outro ser humano passa a ser um ato de autocondenação, uma vez que tudo aquilo que infligimos aos demais acaba retornando a nós mesmos. A prática da Fidelidade só é possível mediante o Autoconhecimento, pois como é possível sermos fiéis a alguém, caso não nos autoconheçamos, não nos respeitemos, muito menos saibamos quais são nossos limites, direitos, deveres e obrigações? Ninguém concede a outrem o que não dá a si mesmo, portanto jamais cobre Fidelidade ou Lealdade de alguém, caso esteja em falta nesses aspectos tão importantes para a integridade do ser humano.

O Jovem Fiel reconhece que a Honra é um presente que o homem dá a si mesmo quando pratica o reto pensar, o reto falar e o reto agir, três características que fazem aflorar a Virtude da Pureza, muitas vezes oculta no âmago de nossos seres, mas que precisa ser trazida à tona, a fim de que nossa Vida possa ser uma jornada magnífica dedicada às boas e nobres obras.

Levando em conta os parágrafos anteriores, entendemos que todas as Virtudes estão interligadas e devem ser praticadas quase simultaneamente. Isso gera um Cidadão Consciente, que por meio de seus pensamentos, palavras e ações dá exemplo de como praticar o Patriotismo, começando por si mesmo e por ações dirigidas àquilo ou a quem está mais próximo de nós, pois quem quer colaborar para a melhoria da Pátria comece arrumando sua própria casa, sua própria vida e sendo um exemplo a ser seguido, muito mais pelos exemplos das atitudes e postura do que pela verbalização das palavras, que sem ações práticas se perdem ao sabor dos ventos.

Bandeira do Brasil, nossa Pátria.

Planeta Terra, Pátria da Humanidade: Pátria de todos nós.

Capítulo 13

E Assim Chegamos ao Final...

Quero finalizar este livro agradecendo a todos os que o leram. Discordar ou concordar com as opiniões que aqui foram expressas é o Sagrado direito de cada Leitor e apenas isso, sempre nos lembrando de que analisamos ideias e nunca pessoas, pois nenhum de nós é um projeto já concluído com perfeição, que esteja à disposição para ser avaliado por quem quer que seja, a não ser por nossa própria consciência. Somos apenas canetas e penas, que também estão escrevendo a História do Universo e, assim, o que nos compete é fazer isso com Amor.

Os laços que forjei com os Jovens De Molays e que me permitiram escrever essas mal traçadas linhas são muito mais importantes do que concordâncias e discordâncias.

Quando se trata de Ordens Secretas, cada membro tem sua visão e diferentes opiniões relativas a um só símbolo. Então, o que dizer sobre como cada um encara toda uma Ordem, seus Costumes e Tradições, muitas delas enraizadas antes mesmo que pensássemos encarnar neste planeta?

Cada um enxerga a Tradição Esotérica de acordo com seus estudos a respeito do tema e constante evolução de Consciência, o que faz com que, muitas vezes, algo que considerávamos sagrado e imutável mude à medida que a consciência se expande, por meio do estudo focado, fiel e disciplinado, que transforma o ser humano e faz com que o mundo ao redor e até mesmo a visão sobre a vida, a Natureza e o Universo se amplie cada vez mais, a fim de que, simplesmente, compreendamos que o mesmo está sempre em mutação.

Eu agradeço aos meus Jovens Leitores, de todas as Idades, por não terem medo de mudar e evoluir constantemente.

Agradeço por termos medos e seguirmos em frente, apesar dos mesmos; agradeço por todas as dúvidas e incertezas que nos lançam em busca de respostas e fazem com que passemos horas inesquecíveis compartilhando descobertas e dividindo sempre o melhor de nós mesmos, em meio ao Real Espírito de Fraternidade e Companheirismo; agradeço por não termos todas as respostas, mas por continuarmos fazendo as perguntas, pois esse é o único jeito de redescobrir o que já sabíamos e nos maravilhar diante dos Grandes Mistérios, alguns já desvelados e outros que ainda terão de aguardar pelo próximo pôr do sol...

Os De Molays pediram por este livro e ele foi escrito graças a vocês, Queridos Sobrinhos/Filhos. Como foi bom termos viajado juntos, pois vocês são os melhores Companheiros de Jornada que alguém poderia querer.

Dos Mistérios do Antigo Egito, passando pelos Areópagos Filosóficos da Grécia, que nos permitiram contemplar a Luz das Vestais Romanas, que luziam antes mesmo que A Luz do Cristo viesse ao Mundo, embalada pela Caverna/Manjedoura de Mitra, onde Jesus nasceu, quedamos no mais profundo silêncio epifânico em meio à Fraternidade Essênia, que ressurgiria no Sul da França séculos depois, por meio dos Cátaros, sendo esse Languedoc, que pode ser vislumbrado da Fortaleza de Montségur, a Sagrada Terra da qual se originaram Os Pobres Cavaleiros de Cristo e do Templo de Salomão, dos quais inspiradoramente descendemos e tentamos seguir os passos de seu Eterno Grão-Mestre: Jacques De Molay.

Foi uma longa Jornada, que ainda está muito longe do fim, pois as chamas da ignorância e do fanatismo, que deixaram a Europa na escuridão durante a Idade Média, não são páreo para ceifar o Espírito Imortal da Cavalaria Universal, que desde os tempos Arthurianos atravessa as Brumas do passado e renasce, como uma Fênix, no coração de cada Jovem, desde 1919, que tenha Coragem e Humildade suficientes para aceitar a oportunidade que lhe é oferecida por um velho Amigo e até mesmo por um desconhecido, que com o tempo se mostra não tão desconhecido assim. Oportunidade esta que, para alguns de nós, representa o regresso, um aguardado reencontro com nossa Real Alma de Cavaleiro.

Estamos chegando ao fim deste livro, o que representa apenas o recomeço de um futuro tomo, que ainda não sei bem ao certo sobre o que falará, mas peço ao Pai Celestial que me conceda a inspiração suficiente e o privilégio para continuar falando de assuntos sublimes, que elevem nossas Almas, abram nossos Corações e direcionem nossas Mentes para o que é belo, nobre e virtuoso.

Minha gratidão a todos os sinceros De Molays que honram suas Capas e enaltecem a Ordem, por meio da prática das Virtudes Cardeais, não apenas nas Salas Capitulares, mas também em todos os momentos de suas vidas. Vocês têm sido meus *Preceptores* ao longo dos últimos 20 anos de minha existência, e como está sendo auspicioso aprender mais e mais com vocês, todos os dias.

Jacques De Molay pode descansar em Paz, pois nem mesmo em suas aspirações mais otimistas poderia ter o Grão-Mestre imaginado Cavaleiros tão à altura de continuar sua Obra, como nossos Jovens De Molays.

Meu Fraterno Amor, Respeito e Admiração a todos os Sobrinhos.

BEAUCEANT MONSEIGNEURS! BEAUCEANT!

Sire. Alexandre Garzeri – Selo Pessoal.

MADRAS Editora

Para mais informações sobre a Madras Editora, sua história no mercado editorial e seu catálogo de títulos publicados:

Entre e cadastre-se no site:

www.madras.com.br

Para mensagens, parcerias, sugestões e dúvidas, mande-nos um e-mail:

marketing@madras.com.br

SAIBA MAIS

Saiba mais sobre nossos lançamentos, autores e eventos seguindo-nos no facebook e twitter:

@madrased

/madraseditora